EVA-MARIA BAST

Würzburger Geheimnisse

BAND 2

SPANNENDES RUND UM DIE PERLE AM MAIN
MIT KENNERN DER STADTGESCHICHTE

Bast, Eva-Maria
Würzburger Geheimnisse (Band 2) – Spannendes rund um die Perle
am Main mit Kennern der Stadtgeschichte

MAIN-POST in Kooperation mit:
Bast Medien GmbH, Münsterstr. 35, 88662 Überlingen
(verantwortlich)
1. Auflage 2018
ISBN: 978-3-946581-53-6

Copyright: Bast Medien GmbH
Herausgeberin: Eva-Maria Bast
Ressortleitung: Heike Thissen
Lektorat: Lena Bast
Bildredaktion: Magdalena Stoll
Covergestaltung: Jarina Binnig, Cornelia Müller, Melanie Kunze
Layout: Homebase – Kommunikation & Design, Jarina Binnig
Grafik: Maps4News & HERE, Julia Breunig (Karte)
Satz: Melanie Kunze
Druck: Mohn Media Mohndruck GmbH

Ein Titel aus der preisgekrönten Reihe *Geheimnisse der Heimat*

Inhalt

Vorwort	7
Die Autorin	9

01. Geheimnis
***Patrona Franconiae** – Gar nicht mehr kopflos* — 10

02. Geheimnis
***Löcher** – Die Bahnbrücke in die Stadt* — 13

03. Geheimnis
***Schuppenstein** – Was vom Delfin übrig blieb* — 17

04. Geheimnis
***Christusfigur** – Überbleibsel des größten Würzburger Altars* — 20

05. Geheimnis
***Kreuz im Kreis** – Signatur für ein nobles Sakralgebäude* — 24

06. Geheimnis
***Bienenkorb** – Fleiß für mehr Licht* — 27

07. Geheimnis
***Tafel** – Richard Wagner wohnte woanders!* — 31

08. Geheimnis
***Straßenbahnrosette** – Alles begann mit echten PS* — 34

09. Geheimnis
***Tor** – Ein Garten für die Allgemeinheit* — 40

10. Geheimnis
***Haken** – Zeitliches Versprechen – Ewiges Licht* — 44

11. Geheimnis
***Erinnerungstafel** – Kleist in Würzburg* — 47

12. Geheimnis
***Figuren** – Nach mehreren Umzügen Ruhe gefunden* — 51

13. Geheimnis
Wetzrillen – Am Gotteshaus Funken geschlagen? 54

14. Geheimnis
Krone – Von höchster Stelle an höchster Stelle 57

15. Geheimnis
Chorgestühl – Wenn die Mönche nicht mehr konnten 60

16. Geheimnis
Gesicht – Der Mann im Blätterwerk 63

17. Geheimnis
Pfeile – Zeugnis großer Bruderliebe 67

18. Geheimnis
Steinmetzzeichen – Am Zahltag wurde abgerechnet 71

19. Geheimnis
Lateinische Inschrift – Flucht nach Würzburg 74

20. Geheimnis
Schlitz – Wo das Abwasser verschwand 80

21. Geheimnis
Agnes-Sapper-Haus – Grenzen und ganz viel Liebe 83

22. Geheimnis
Durchfahrt – Straße unter der Kirche 86

23. Geheimnis
Terrassenhaus – Würzburgs erster moderner Galerist 89

24. Geheimnis
Ursulinenkloster – Wo Schillers jüngste Tochter lebte 94

25. Geheimnis
Bahnhofsquelle – Als das Wasser zu sprudeln begann 98

26. Geheimnis
Fenster – Wo einst Weinfässer rollten 103

27. Geheimnis
Alte Anatomie – Frauen wollten in die Hörsäle   106

28. Geheimnis
Durchgang – Der Verkehr musste weiter fließen   110

29. Geheimnis
Bäume – Im Hellen schmeckt das Bier besser   113

30. Geheimnis
Runde Reliefs – Memento mori auf technisch   117

31. Geheimnis
Stahlhelm und Schwert – Grabdenkmal für Kriegsgefangene   119

32. Geheimnis
Brückenrest – Nur ein Stumpf ist noch geblieben   122

33. Geheimnis
Huttenschlösschen – Kehrtwendung eines Hauses   124

34. Geheimnis
Ehemaliges Ladengeschäft – Jehuda Amichai in Würzburg   127

35. Geheimnis
Hausinschrift – Viel Prominenz im ersten Haus am Platz   131

36. Geheimnis
Tür – Das Wasser sprudelt für den Wein   135

37. Geheimnis
Spitzbogen-Fenster – Gottesdienst auch für Büßer   137

38. Geheimnis
Gedenktafel – Eine Schlacht verändert alles   139

39. Geheimnis
Kranz – Der Fünf-Sterne-Heilige   143

40. Geheimnis
Wandgemälde – Durch die ganze Welt nach Würzburg   146

41. Geheimnis
Drache – Das Geld in den Rachen geworfen 150

42. Geheimnis
Frauenklinik-Inschrift – Der erste Kaiserschnitt in der Stadt 153

43. Geheimnis
Bierfenster – Zapfstelle für den Gerstensaft 157

44. Geheimnis
Brunnen – Unfreiwillig zum Geschäftserfolg verholfen 160

45. Geheimnis
Gaslaterne – Als den Kilianibesuchern ein Licht aufging 164

46. Geheimnis
Wappen – Die veränderte Alte Mainbrücke 168

47. Geheimnis
Torsos – Ein Denkmal für den Prinzregenten 171

48. Geheimnis
Eidechse – Sehnsucht nach dem Licht 175

49. Geheimnis
Nische – Der Votivstein musste umziehen 177

50. Geheimnis
Keltenkreuz – Irische Überraschung am Bahnhof 180

Quellen, Literatur, Bildnachweis 184

Stadtplan mit den Geheimnissen 188

Vorwort

Sie erschien mir widersprüchlich, geradezu doppelgesichtig, diese Stadt, als ich vor fast 25 Jahren von Halle an der Saale nach Würzburg am Main gezogen war: Die prachtvolle Residenz, die stolze Festung Marienberg, die sorgfältig restaurierte Fassade des Falkenhauses und der mittelalterliche Grafeneckart kontrastierten auf merkwürdige Weise mit der in weiten Teilen von der Nachkriegsmoderne geprägten Innenstadt. Damals wusste ich nicht viel von der Geschichte der Stadt und der Bombennacht des 16. März 1945, diesem historischen Mahnmal schlechthin in Würzburgs jüngerer Vergangenheit.
Schnell fiel mir auf: Mit dem, was der Krieg übrig gelassen hatte, ging man damals schon sehr sorgsam um. Kleinste Überbleibsel oder vermeintlich unwichtige Dokumente der Vergangenheit waren hier wohlbeachtet oder wurden nicht zuletzt von einer Schar umsichtiger Sammler zusammengetragen, gehegt und gepflegt. Und noch etwas fiel auf: Was andernorts eher mäßiges Interesse hervorruft – eine Fassadenerneuerung hier, ein kleiner Neubau dort –, war in Würzburg schnell das Top-Thema, über das schon mal gefühlt die halbe Stadt diskutierte.
An diese Art Empfindsamkeit musste man sich als Zugezogener erst einmal gewöhnen, doch das genaue Hinhören und Hinsehen lohnte sich: Über die Jahre hinweg öffnete sich einem die Geschichte der Stadt wie das Bühnenbild hinter einem behutsam aufgezogenen

Theatervorhang. Gerade weil die Kriegszerstörungen so viel an historischer Substanz vernichtet hatten, schärfte sich der Blick für das, was noch da war – und seien es nur die kleinsten Details. Und genau die, das zeigte sich schnell, haben es oft in sich, bergen nicht selten die spannendsten Geschichten.

Dass es sich lohnt, den Blick auf scheinbar Nebensächliches zu richten, zeigen die *Würzburger Geheimnisse*, von denen nach dem Erfolg des ersten Bandes 2015 nun eine Fortsetzung vorliegt. Erneut erzählt die Autorin Eva-Maria Bast 50 Geschichten, in denen es um oft Übersehenes im Würzburger Stadtbild geht: um eine vermeintliche Windrose am Dom zum Beispiel, um einen Grabstein mit rätselhafter Inschrift, eine alte Statue mit jungem Kopf oder geheimnisvolle Löcher in einer Mauer. Als Leser taucht man ein in Begebenheiten, von denen man noch nie gehört hat, versteht Zusammenhänge, die sich sonst nicht ohne Weiteres erschließen.

Zugleich – und das ist ja das Schöne am Lesen – erscheint vor dem geistigen Auge ein Bild vom einstigen Alltag in der Stadt, erwachen historische Figuren ebenso zum Leben wie einfache Bürger im Würzburg vergangener Zeiten. Dass Stadthistorie hier nicht abstrakt erzählt wird, liegt auch am Grundkonzept der Buchreihe: Bürger der Stadt sind die Paten der Geschichten. Sie schlagen zugleich die Brücke zur Gegenwart und zeigen: Heimat bleibt ein spannendes Thema – und steckt voller Geheimnisse, von denen man gelesen haben muss!

Mit freundlichen Grüßen

Torsten Schleicher
MAIN-POST
Redaktionsleiter Würzburg Stadt und Land

Die Autorin

Eva-Maria Bast wurde 1978 in München geboren und arbeitet seit 1996 als Journalistin. Nach mehreren Jahren bei der Tageszeitung *Südkurier* gründete sie 2011 mit Heike Thissen das Redaktionsbüro „Büro Bast & Thissen", das 2013 in „Bast Medien" überging. 2010 hatte sie die Idee für die Reihe *Geheimnisse der Heimat*, die zunächst als Zeitungsserie startete und im Folgejahr bereits in Buchform vorlag. Seither sind 53 Bände entstanden. Bast kooperiert dafür mit Medienhäusern in ganz Deutschland – und in Würzburg mit der MAIN-POST. Aus dieser Zusammenarbeit sind in den vergangenen Jahren bereits der erste Band der *Würzburger Geheimnisse* und das Buch *Was Würzburg prägte* entstanden.

Eva-Maria Bast wurde für ihre Arbeit mehrfach ausgezeichnet, unter anderem erhielt sie drei Mal mit dem *Südkurier* den „Oscar" der Zeitungsbranche, den Deutschen Lokaljournalistenpreis der Konrad-Adenauer-Stiftung. Auch die *Geheimnisse* wurden mit dem begehrten Preis geadelt.
Bast ist auch in der Belletristik tätig: Neben zwei Krimis liegt von ihr die vierbändige *Mondjahre*-Jahrhundertsaga vor. Ende 2018 erscheint unter dem Pseudonym Charlotte Jacobi im Piper Verlag der Titel *Die Villa am Elbstrand*, den Bast gemeinsam mit Jørn Precht geschrieben hat. Seit 2016 ist Eva-Maria Bast Gastdozentin an der Hochschule der Medien in Stuttgart. In ihrem in Überlingen am Bodensee ansässigen Verlag „Bast Medien" beschäftigt sie sowohl feste als auch zahlreiche freie Mitarbeiter. Die Vereinbarkeit von Familie und Beruf liegt der vierfachen Mutter dabei sehr am Herzen.

# *Patrona Franconiae*
Gar nicht mehr kopflos

Diese Patrona Franconiae ist gar nicht die Patrona Franconiae. Genauer gesagt: Sie hat nicht ihr Gesicht. Ihr Kopf ist mehr als 200 Jahre jünger als ihr 1725 aufgestellter Körper – und ein Stein gewordenes Abbild der Frau, die nach dem Zweiten Weltkrieg im Mainfränkischen Museum das Sekretariat schmiss. Wie es dazu kam, kann Dirk Eujen, profunder Würzburg-Kenner, erzählen: „In den Kriegswirren, vielleicht aber auch am Ende des Kriegs mit dem Einmarsch der Amerikaner, kam der Figur der Kopf abhanden, vermutlich durch Beschuss. Er fiel in den Main und tauchte trotz intensiver Suche nicht wieder auf."

Das war 1947 sogar dem Nachrichtenmagazin *Spiegel* einen Bericht wert: „Die steinerne Frau […] verlor in den Kriegswirren ihren Kopf, und die Flußgötter des Maines gaben ihn nicht wieder her. Nun hat Georg Schneider der Frankonia den Kopf wieder zurechtgemeißelt und zurechtgesetzt." Jener Georg Schneider (1882-1965) war, wie der *Spiegel* schreibt, „ein graugelockter alter Herr von jugendlicher Rüstigkeit". Dem Bildhauer oblag die Aufgabe, die vielen „steinernen Flüchtlinge", also die Madonnenfiguren, die den Krieg nur beschadet überstanden hatten, zu restaurieren, bevor man sie „zurückführen kann in die laute Welt". Und deshalb war er, so der Autor, „stets von außerordentlich schönen, aber keineswegs leichten Frauen umgeben". Eine dieser Damen war allerdings keine Madonna, sondern die kopflos gewordene weltliche Patronin Frankens.

„Eigentlich sollte er ihr Gesicht anhand einer Fotografie rekapitulieren, aber er hatte Schwierigkeiten, die Zweidimensionalität in die Dreidimensionalität zu übertragen", sagt Eujen. „Also musste ein anderes Modell her. Wie mir berichtet wurde, klagte er sein Leid dem ersten Nachkriegsdirektor des Mainfränkischen Museums,

Dirk Eujen weiß: Diese Patrona Franconiae war nach dem Zweiten Weltkrieg für einige Zeit kopflos.

Max Hermann von Freeden. Und der sagte: ‚Dann nehmen Sie doch meine Sekretärin.'" Laut *Spiegel* kam der Bildhauer selbst auf die Idee: Schneider, verzweifelt auf der Suche nach einem passenden Gesicht, sei sich eines Tages „erfreut durch das graue Gelock" gefahren und habe „dem Fräulein, dem er Tag für Tag seine Korrespondenz diktiert", ins Gesicht gestarrt. Dieses Fräulein hieß Annemarie Probst. Vermutlich hatte er ihr seine Briefe diktiert, weil man den Madonnen „in der Marienfeste jenseits des Maines eine vorläufige Unterkunft zugewiesen" hatte, also dort, wo auch das Museum seinen Sitz hat. Der Journalist beschreibt anschaulich, was dann weiter geschah: „Der alte Herr bog dem an der Schreibmaschine sitzenden Fräulein den Kopf in den Nacken und rief ‚Sehn's, Sie ham ja des Köpfl'. So hat er also das Würzburger ‚Mädle' für die Frankonia konterfeit."

„In den Kriegswirren, vielleicht aber auch am Ende des Kriegs mit dem Einmarsch der Amerikaner, kam der Frankonia der Kopf abhanden, vermutlich durch Beschuss. Er fiel in den Main und tauchte trotz intensiver Suche nicht wieder auf."

Und dieses „Mädle" schaut nun Tag für Tag von der Alten Mainbrücke aus in den Würzburger Himmel – derweil sich um ihren mehr als 200 Jahre älteren Körper die Brückenschoppentrinker scharen und sich in die barocken Falten ihres Gewandes schmiegen.

So geht's zur Patrona Franconiae:

Die Patrona Franconiae steht auf der Südseite der Alten Mainbrücke, etwa in der Mitte.

Julia Breunig sind diese Löcher eines Tages beim Spazierengehen aufgefallen.

Löcher

Die Bahnbrücke in die Stadt

Hätten die Würzburger mal Mitte des 19. Jahrhunderts auf seine Majestät König Ludwig I. (1786-1868) gehört! Dann befänden sich heute in der Mauer am Rennweg keine kleinen Löcher. Klingt paradox? Ist aber so, wie Julia Breunig herausgefunden hat. Seit die Kartografin für *WürzburgWiki* schreibt, geht sie besonders wachen Blicks durch die Stadt und achtet dabei vor allem auf die kleinen Dinge. Die, an denen man achtlos vorübergeht, hinter denen aber große Geschichten stecken können. Und so entdeckte sie eines Tages auf einem ihrer Streifzüge die Löcher, zwei Daumen breit, in unterschiedlichen Abständen. Mal zwei, mal drei, mal vier nebeneinander. Einen Reim drauf machen konnte sie sich nicht. Aber das Recherchefieber hatte sie gepackt. Sie wälzte Bücher, las alte Zeitungsartikel und schließlich wurde sie bei Franz Seberich, seines Zeichens Heimatforscher und Ehrendoktor der Universität

Würzburg, in einer Fußnote des Artikels *Der alte Bahnhof und seine Schicksale* fündig. Und mit ebenjenem Bahnhof haben die Löcher zu tun.

Obwohl der eingangs bereits erwähnte König sich in einem Erlass „allerhöchst dahin auszusprechen geruht, daß die Eisenbahnhöfe vor den Städten zu erbauen seyen, indem Allerhöchst Dieselben es ungern sehen, wenn Stadtmauern durchbrochen und Stadttore abgebrochen werden", war man in Würzburg anderer Meinung. Und errichtete, als man einen solchen brauchte, einen Bahnhof inmitten der damals noch vorhandenen sternförmigen Befestigungsmauern. Begründung: eine bessere und bequemere Erreichbarkeit. Ihro Majestät hatten sich also vollkommen umsonst auszusprechen geruht. Ein Platz inmitten der Befestigungsmauern wurde gesucht und gefunden: „Da das Gelände zwischen dem Bürgerspital und der Kapuzinergasse wenig bebaut und günstig zu erwerben war, entschied man sich für diesen Standort", erzählt die Würzburgerin.

Bis dort gebaut werden konnte, brauchte es aber noch einiges an Vorbereitung: „Es handelte sich teilweise um sumpfiges Gebiet, und es fiel von der Kapuzinergasse ab, weshalb teilweise Bodenauffüllungen bis zu fünf Metern nötig waren, um ein ebenes Bahngelände zu erreichen." Nachdem 1851 der Kopfbahnhof genehmigt worden war – ein Durchgangsbahnhof war aufgrund der Lage nicht möglich – mussten zunächst der Wall und die Stadtmauer für die Zugdurchfahrt durchbrochen und der trockene Festungsgraben überwunden werden. Dafür wurde eine 63 Meter lange Brücke gebaut, über die die Züge auf zwei Gleisen verkehren konnten. „Die Brücke bestand aus vier massiven Steinjochen und stadtseitig aus zwei Holzjochen", hat Julia Breunig recherchiert. „So konnte sie im Kriegsfall leichter abgerissen werden."

Und nun kommen auch die Löcher ins Spiel: „Die Schienen wurden direkt auf die Steinquader aufgenagelt", erklärt sie. In Seberichs Fußnote steht dazu: „Man erkennt sie [die Quader an ihrem heutigen Standort, also der Mauer am Rennweg] an den rostgefärbten Doppellöchern. Diese enthielten die Schienennägel, da auf der Brücke die Schienen nicht auf Schwellen, sondern direkt auf den

Quadern ruhten." Julia Breunig fasst zusammen: „Die Quader stammen also ursprünglich von der ehemaligen Bahnbrücke, die über den Stadtgraben zum Ludwigsbahnhof führte."

Am Mauerwerk im Rennweg kann man auch einen Stein entdecken, in dem sich vier Löcher nebeneinander in einer Reihe befinden. „Ich bin der Meinung, dass das der Stein ist, auf dem die Kreuzungsweiche aufgenagelt war", sagt die Kartografin. „Denn im Bahnhof selbst war das südliche Gleis für Personenzüge und das nördliche für Güterzüge be- stimmt. Deswegen mussten die Züge auf das richtige Gleis fahren und dafür manchmal kreuzen." Am Anfang hatten sie dabei noch nicht zu häufig mit Gegenverkehr zu rechnen: „Das Zugaufkommen war erst einmal gering. Die Loks waren klein und die Züge kurz", erzählt die Würzburgerin. „Doch der Bahnverkehr hat rasch zugenommen, die Züge wurden länger und neue Linien geplant, zum Beispiel nach Ansbach, Heidelberg und Fürth."

Auf dem Stein mit den vier Löchern befand sich möglicherweise einst eine Kreuzungsweiche.

Dann entfiel ausgerechnet in dem Jahr, in dem das Hauptgebäude endlich fertiggestellt war, die rechtsmainische Festungseigenschaft Würzburgs und die Stadt konnte sich nun auch außerhalb der Mauern ausdehnen. „In den Folgejahren entstanden Durchbrüche für Ausfallstraßen, die meisten Befestigungsanlagen inklusive der Wälle, Tore und Brücken wurden abgerissen", erzählt die Kartografin. Im Norden Würzburgs wurde am Standort des heutigen Hauptbahnhofs ein neuer Durchgangsbahnhof gebaut, der 1864 mit der Eröffnung der Ansbacher Linie den Betrieb aufnahm.

Der alte Bahnhof hatte ausgedient und wurde nur noch von einigen Güterzügen angefahren – auch das allerdings nicht lange: Als 1866 das Hauptgebäude des neuen Bahnhofs fertiggestellt war, setzte man den Ludwigsbahnhof gänzlich außer Betrieb und brach ihn zwei Jahre später ab, nur die Ludwigshalle blieb noch bestehen. Das ehemalige Bahngelände wurde zu Baugrund entlang der neuen Ludwigstraße. Der Ringpark entstand, der Wall wurde abgetragen und der Graben aufgefüllt.

Die Brücke war nun nicht mehr vonnöten und musste bis Sommer 1873 weichen. „Die Quadersteine waren aber noch in allerbestem Zustand, deshalb wurden sie wiederverwendet", nähert sich Julia Breunig nun der Frage, wie die ehemaligen Brückensteine in die Mauer am Rennweg kommen. „Ein Teil wurde am Oberen Mainkai in der Ufermauer verbaut, davon ist aber nichts zu sehen, weil die entsprechenden Stellen wohl unter Wasser liegen. Und mit einem Teil der anderen Steine hat man eben diese Mauer gebaut, die den Rennweg vom Hofgarten abgrenzt."

Dass ein Mauerbau an dieser Stelle überhaupt nötig war, hängt ebenfalls mit der Entfestigung zusammen: „Der Wall wurde ja an mehreren Stellen durchbrochen und der Graben aufgefüllt. Ein Teil des alten Walls ist bis heute in den östlichen Teil des Hofgartens integriert, ein Teil der alten Stadtmauer blieb entlang dieses Walls erhalten. Aber dort, wo durchgebrochen worden war, musste entlang des neuen Rennwegs in verändertem Winkel eine neue Mauer zur Stützung des Walls ergänzt werden", erklärt Julia Breunig.

Dafür kamen die Steine der Brücke gerade recht. Und nur die Löcher künden noch davon, was sie früher für eine Aufgabe hatten, dass sie einst einen Stadtgraben überqueren und ganze Züge tragen mussten. Es sind eben manchmal gerade die kleinen Dinge, hinter denen große Geschichten stecken.

So geht's zu den Löchern:

Sie befinden sich an der Stützmauer, die den Rennweg vom Hofgarten trennt.

Wolfgang Keller hat es sich auf dem Schuppenstein gemütlich gemacht.

03

Schuppenstein
Was vom Delfin übrig blieb

Der Stein im Hof des Julianums ist zwar mächtig, sieht aber unscheinbar aus – zumal er sich inmitten des Fahrradparkplatzes befindet und daher leicht übersehen wird. Wenn er aber nicht gerade von Drahteseln zugeparkt ist und man ihm etwas Aufmerksamkeit schenkt, merkt man, dass es sich um keinen gewöhnlichen Stein handelt. Er ist, wie seine geschwungene Form vermuten lässt, offenbar behauen – und wenn man ihn ganz genau in Augenschein nimmt, kann man sogar entdecken, dass seine Oberfläche von einer Art steinerner Fischschuppen überzogen ist. Wolfgang Keller, Autor bei *WürzburgWiki*, weiß, warum: „Das ist der letzte Rest eines großartigen Brunnens, den Johann Georg Wolfgang van der Auwera 1740 geschaffen hat."

200 Jahre lang, bis 1945, bildete das Wasserspiel im Gerhard'schen Hof, dem heutigen Julianum, den gestalterischen Höhepunkt der ursprünglich barocken Gartenanlage. Der Brunnen stand aber nicht dort, wo der Stein heute liegt, sondern auf der anderen Seite in der Gartenanlage. „Die war zur einen Hälfte als geometrisch durchgeformtes Gartenparterre und zur anderen als Lustwäldchen gestaltet", sagt der Würzburger. „Das Gartenparterre war rechteckig und streng barock. Es wurde von einem Wegkreuz durchzogen, in dessen Mittelpunkt ein quergelagertes Wasserbassin eingelassen war." Da fügte sich der Auwera-Brunnen gut ein.

Keller hat anhand alter Bilder ganz genau recherchiert, wie der Brunnen aussah: „Im Mittelpunkt stand der griechische Sänger Arion in Siegerpose auf dem wuchtigen Kopf eines Delfins. Die lange Schwanzflosse des Fischs ringelte sich im Hintergrund nach oben bis auf Kopfhöhe des Sängers." Der Würzburger weiß, dass das noch nicht alles an Figurenschmuck war: „Ausgeschmückt war die Anlage durch seitliche Rokokopilaster mit vorgesetzten Büsten und bekrönenden Ziervasen. Die Mauernische wurde oben durch eine bärtige Büste abgeschlossen. Zudem befanden sich im oberen Bereich der Mauer wohl zunächst zwei Putten, die dem Sänger Pfeil und Bogen und einen Lorbeerkranz darboten." Arion selbst habe wohl eine Lyra in seiner emporgereckten Hand getragen. „Und das Wasser spie der Delfin aus seinen beiden Nasenlöchern." Ebenjener Delfin, dessen Schwanzflosse das Einzige ist, was noch an den Brunnen erinnert. Denn wie so vieles wurde auch der Brunnen am 16. März 1945 zer-

Bei genauer Betrachtung sieht man: Dieser Stein hat eine schuppenartige Struktur.

stört. Arion überstand den Bombenangriff als Torso. „Aber der ist nach dem Krieg verschwunden", sagt Keller, „über Nacht, ganz plötzlich. Man weiß nichts über seinen Verbleib." Wie das allerdings vonstattengegangen sein soll, kann er sich nicht erklären. „Das war ja ein Riesentrumm und auch ziemlich schwer, den konnte man nicht einfach so davontragen."

Und deshalb fristet die Schwanzflosse des steinernen Delfins nun ganz einsam und verlassen ihr Dasein – inmitten von Fahrrädern. Welch trauriges Ende eines prachtvollen Brunnens! Aber wie gut, dass es Menschen wie Wolfgang Keller gibt, die Relikte wie diese Schwanzflosse ausfindig machen und ihre Geschichte dem Vergessen entreißen.

> *„Das war ja ein Riesentrumm und auch ziemlich schwer, den konnte man nicht einfach so davontragen."*

Wer eine Weile vor dieser Schwanzflosse steht, wenn die Sonne scheint, und dann vielleicht sogar vom Hausherrn die Erlaubnis bekommt, einen Blick in den Garten zu werfen, der könnte fast meinen, den prächtigen Brunnen im noch prächtigeren Garten vor sich zu sehen und das Wasser plätschern zu hören: aus beiden Nasenlöchern des Delfins, von dem vor dem inneren Auge so viel mehr übrig geblieben ist als nur eine Schwanzflosse.

So geht's zum Schuppenstein:

Er liegt auf dem Hof des Julianums, Kapuzinerstraße 6. Wenn man hinter dem Tor nach links geht, läuft man direkt darauf zu.

Christusfigur
Überbleibsel des größten Würzburger Altars

Diesem Geheimnis auf die Spur zu kommen, glich einem Puzzlespiel, an dem Damian Dombrowski eine ganze Weile arbeiten musste. Doch vielleicht passt das Bild eines Mosaiks besser, denn Steinchen für Steinchen hat der Kunsthistoriker zusammengetragen, bis sich ein ebenso stimmiges wie verblüffendes Gesamtbild ergab. Die Geschichte beginnt damit, dass dem Direktor des Martin von Wagner Museums die Christusfigur an der Südseite der Domsepultur auffiel, die ein wenig wirkt, als gehöre sie nicht dort hin. Anhand der Ornamente, die die Christusfigur umgeben, war für Damian Dombrowski rasch klar, dass Figur und Rahmen eine nachträgliche Zutat sind, aus der Zeit um 1700 stammen. „Das ist noch kein Rokoko, das ist aber auch kein Spätrenaissance-Ornament mehr", ordnet er die Elemente ein.

Dombrowski begann zu recherchieren und fand heraus, dass diese Figur an der Fassade des Doms eine andere ersetzt hatte. „Es ist die Kopie einer Skulptur aus der Spätrenaissance, die in den Abgang zur Krypta versetzt wurde. Die Figur an der Außenwand der Sepultur befindet sich seit den 1960er-Jahren an Ort und Stelle." Doch wo war wiederum die Originalfigur hergekommen, an der alle vorübergehen, die zur Krypta hinabsteigen? Dombrowski recherchierte weiter. Was er hatte, waren die zeitlichen Koordinaten. „Mir war klar, dass diese Figur um 1700 hier hergekommen sein muss. Und 1699 hat man angefangen, die Universitätskirche wiederaufzubauen." Das Gotteshaus war damals baufällig geworden. Im Jahr 1626 war es zu einem Teileinsturz des Gewölbes gekommen. In der Folge wurde die Südwand abgetragen und es sollte – nicht zuletzt wegen des Dreißigjährigen Krieges und seinen Folgen – ein Dreivierteljahrhundert dauern, bis wieder ein Dach auf die Kirche kam. Das setzte dem Innenraum freilich stark zu. „Angeblich ist gar nichts mehr von der ursprünglichen Ausstattung

---

Damian Dombrowski hat herausgefunden, dass diese Figur einst in der Universitätskirche stand.

der Universitätskirche übrig", sagt Dombrowski. „Weder vom Herzgrab Julius Echters noch von dem spektakulären Hochaltar, der sich einst in der Apsis erhob." Oder doch?

Von jenem von dem niederländischen Bildhauer Jan Robijn geschaffenen Hochaltar gibt es sehr genaue Beschreibungen aus dem Jahr 1591. In der *Novae aedis adumbratio*, die 1591 zur Einweihung der Universitätskirche, auch Neubaukirche genannt, erschien, ist die Rede von einer Christusfigur, die genauso aussieht, wie die beiden Figuren am und im Dom. „Ich bin mir fast sicher, dass doch etwas von dem Hochaltar übrig geblieben ist – ebendiese Christusfigur", sagt Dombrowski und erklärt, warum gerade diese Skulptur den Verfall der Kirche überstanden haben könnte. „Das Problem war Wasser, das von oben kam, weil es kein Dach mehr gab. Aber die Figur stand direkt unterhalb der Apsiskalotte und diese wirkte wie ein Schirm. Daher hat es eine gewisse Wahrscheinlichkeit für sich, dass diese Figur, die ganz oben stand, all die Jahrzehnte überstanden hat." Den Hochaltar schildert Dombrowski in einem Aufsatz als „Steigerung des Retabels im Juliusspital", der freilich auch verloren ist. „In der Universitätskirche gliederte er sich in vier Register; die architektonischen Anteile bestanden aus Sandstein, die bildhauerischen aus Alabaster. Unten flankierten Reliefs des Abendmahls und des Passahmals das Tabernakel über der Mensa. Darüber bildete die […]

Die Christusfigur an der Südseite der Domsepultur.

Kreuzigung das Hauptmotiv; möglicherweise bestand sie aus vollrunden Figuren [...]", beschreibt es der Kunsthistoriker. Und weiter: „In den Reliefs des dritten Registers erschienen die *Auferstehung Christi* und die Geschichte von *Jona und dem Wal* nebeneinander als typologische Entsprechungen. Das oberste Register zeigte eine Darstellung des Pfingstwunders. Eine Statue des Salvators bekrönte

„Ich bin mir fast sicher, dass doch etwas von dem Hochaltar übrig blieb – ebendiese Christusfigur."

den Altar, um den sich einzelne Figuren der Jünger über die Altararchitektur verteilten." Die Christusfigur entspreche der kurzen Charakterisierung, die in der *Adumbratio* [Skizze] für die Statue auf der Spitze des Hochaltars – *Imago Salvatoris in apice altaris* – vorgenommen wird. Demnach trägt sie nämlich die Weltkugel im linken Arm und hat die rechte Hand zum Segnen erhoben. Und eben eine solche Ikonographie weist der Christus im Dom auf. Dombrowski schlussfolgert: „Der *Salvator* wäre, wenn die Provenienz aus der Universitätskirche zutreffend ist, das einzige erhaltene Werk aus der Würzburger Zeit Jan Robijns. Von sämtlichen beglaubigten Werken dieses Bildhauers hat kein weiteres überlebt, sodass Aussagen zu seinem Stil kaum möglich sind."

Damit wäre von dem Hochaltar, den Dombrowski „die großartigste Schöpfung niederländischer Plastik in Würzburg" nennt, tatsächlich noch etwas übrig geblieben: ein Christus, um den herum alles zusammenstürzte, der jahrzehntelang in einer Ruine Wind und Wetter trotzte, an der Domwand weitere 250 Jahre der Witterung ausgesetzt war und schließlich im Dom wiederauferstand.

So geht's zur Christusfigur:

Man kann sie von der Straße Am Bruderhof aus am Giebel des Domanbaus bewundern. Das Original befindet sich auf halber Höhe der Treppe, die im rechten Domquerhaus zur Krypta hinabführt.

Kreuz im Kreis
Signatur für ein nobles Sakralgebäude

Im ersten Moment könnte man es für eine Windrose halten: Ein Kreuz in einem Kreis, an jedem Ende befindet sich ein Buchstabe. Doch beim zweiten Blick wird klar, dass das nicht sein kann. Das „N" für Norden müsste oben stehen, unten das „S" für Süden; links ein „W" für Westen und rechts ein „O" oder ein „E" für Osten. Bei der Darstellung an der Außenwand des Domchores ist aber letztlich alles ganz anders.

Jedes Mal, wenn Dr. Markus Maier diese wie aus Bronze gefertigt scheinende Scheibe betrachtet, ist er aufs Neue begeistert. „Wenn man das *E* ganz oben spiegelt, wird es zu einem *B*. Zusammen mit dem daneben stehenden *R* ergeben sich die Anfangsbuchstaben *BR*." Der Kunsthistoriker weist auch auf die Raute in der Mitte hin: „Halbiert man sie, entsteht ein *V* oder ein *U*. Zusammengenommen haben wir nun schon *BRU*. Wenn wir dann ganz unten zum *N* gehen, bildet sich daraus *BRUN*. Und die zentrale Raute insgesamt ist ein *O*, das die Buchstabenfolge komplettiert: Senkrecht ergibt sich also der Vorname *BRUNO*". Und waagrecht lässt sich ein weiteres Wort entschlüsseln. Die Buchstaben *E* (gespiegelt) und *P* links, das *S* rechts sowie die Raute in verschiedener Interpretation ergeben auf raffinierte Weise *EPISCOPUS*, zu Deutsch: Bischof.

Gemeint ist Bischof Bruno von Würzburg. Er war ein versierter Reichspolitiker und ab 1034 Nachfolger des heiligen Burkard. Wie Kaiser Konrad II. (um 990–1039) gilt er auch als wichtiger Bauherr. Als sein Vetter in Speyer mit einem gewaltigen Dombau begann, antwortete er mit einem Neubau der Würzburger Kathedrale. Sechs Jahre nach seinem Amtsantritt war das, anno 1040. Fünf Jahre nach Baubeginn starb der weltläufige Mann, der auch auf die Bildung des Klerus großen Wert legte, bei einem Unfall.

Wir kennen derartige Monogramme beispielsweise von den Urkunden Kaiser Karls des Großen, dessen Namenszeichen sehr

Dr. Markus Maier hat herausgefunden, welche Bewandtnis es mit der Scheibe am Dom hinter ihm hat.

ähnlich aussieht. „Unser Monogramm wirkt wie die Signatur des Bauherrn für dieses so imposante Gebäude", sagt Maier. Man könnte meinen, es sei ein dezenter, aber edler Vorläufer der Bauherrenwappen, wie sie sich gerade unter Fürstbischof Julius Echter von Mespelbrunn (1573-1617) größter Beliebtheit erfreuten. Tatsächlich ist dieses Emblem aus einem Sandsteinrahmen, einer Mörtelplatte und Kupferblech aus späterer Zeit – wohl aus dem 12./13. Jahrhundert. Es konnte wohl nicht nur als eine Art Herrschaftszeichen gesehen werden; vielmehr verwies es auch auf den Rang der Kirche, die mit Bruno einen heiligen Bischof vorzuweisen hatte.

Das Brunomonogramm war weit verbreitet. Es erschien häufig auf Würzburger Münzen und zierte vermutlich das Siegel des Bischofs. Aber in dieser Größe (Kreisdurchmesser circa 46 cm), zumal an einer prominenten Stelle des Würzburger Stadtbilds, ist es einzigartig. „Das hat in dieser Prägnanz für mich etwas absolut Faszinierendes: Der Namenszug verbunden mit dem Heilszeichen des Kreuzes an der Hauptapsis eines Doms – einfach ein genialer Einfall." Maier weiter: „Betrachtet man die Formensprache in Verbindung mit dem Bauwerk, wird die Sache noch interessanter: Das Kreuz findet sich bereits im Grundriss der Bischofskirche. Der Kreis im Kleinen antwortet auf die mächtige Vorwölbung der Apsis und auch auf die halbrunden Gliederungselemente links und rechts sowie den Blendbogenfries darüber. Das Monogramm ist perfekt integriert."

Der Kunsthistoriker überlegt: „Da werden nicht viele Worte gemacht, aber wenn man sich ein bisschen damit beschäftigt, dann tun sich mit dieser Scheibe ganze Welten auf."

Um eine Windrose handelt es sich bei der Scheibe am Domchor nicht.

So geht's zum Kreuz im Kreis:

Es befindet sich außen am Domchor. Man kann es vom Paradeplatz aus gut erkennen.

Max Jacob Roppelt erklärt, warum sich an dieser Tür ein Bienenkorb befindet.

06

Bienenkorb
Fleiß für mehr Licht

Die Menschen, die hier leben oder gelebt haben, sind bestimmt bienenfleißig – und stolz drauf! Warum sonst sollten sie sich einen Bienenkorb auf die hölzerne Haustür schnitzen lassen? „Stimmt", sagt Max Jakob Roppelt und lacht. „Meine Vorfahren waren wirklich sehr fleißig. Aber der Bienenkorb soll auf etwas anderes hindeuten." Wer den Namen Jakob in Verbindung mit einem Bienenkorb hört und gerne mal in Würzburg einkaufen geht, wird schon ahnen, worauf: auf Kerzen! Schließlich ist die Familie Jakob seit 150 Jahren dafür bekannt, erstklassige Kerzen zu liefern – für Privatpersonen, aber auch für Klöster und Kirchen in Würzburg und ganz Unterfranken. Und das Rohmaterial für die Kerzen, das Wachs, kommt nun mal von den fleißigen Tierchen.

Hinter der Tür mit dem Bienenkorb nahm die Kerzenzieherei ihren Anfang, genauer gesagt, im Vorgängerbau. „Die meisten Menschen bemerken diesen Bienenkorb nicht, sondern gehen achtlos daran vorbei", hat Max Jakob Roppelt, der das Unternehmen in vierter Generation führt, beobachtet. „Aber wir hegen und pflegen dieses Stück, auf keinen Fall könnte hier eine andere Tür hin. Ob sie nun den neuesten Wärmeschutzrichtlinien entspricht oder nicht." Die Tür mit dem Bienenkorb ist allerdings noch nicht so alt wie das Unternehmen: „Wie so vieles wurde auch das Haus meiner Vorfahren am 16. März 1945 zerstört. Nach dem Krieg, 1947, haben sie es wiederaufgebaut und in diesem Zuge auch die Tür anfertigen lassen."

Angefangen hatte alles schon 1889: „Mein Urgroßvater hat hier Kerzen gezogen und die Kerzenzieherei Jakob gegründet. Weil sich das Unternehmen über die weibliche Seite der Familie weitervererbt hat und sich damit der Familienname änderte, habe ich als zweiten Vornamen Jakob bekommen, so, wie mein Großvater mit Nachnamen hieß. Der Name Jakob sollte mit dem Unternehmen verbunden bleiben." In diesem Handwerksbetrieb wurden die Kerzen damals von Hand gefertigt, Max Jakob Roppelt weiß aus Erzählungen ganz genau, wie das vonstattenging: „Zwischen zwei Trommeln befand sich ein Becken mit flüssigem Wachs. Auf den Trommeln war der Docht aufgewickelt und wurde dann hin und her gezogen, bis die Kerze eine gewisse Größe erreicht hatte." Im umfassenden *Fachbuch für den Wachszieher – Wachsbildner* der

Die Tür mit dem Bienenkorb.

Bayerischen Wachszieher-Innung ist der Vorgang genau beschrieben: „Zum Ziehen der Kerze verwendet man eine Handzugbank, die, wie der Name schon sagt, zum Ziehen der Kerze dient und mit der Hand betrieben wird. [...] Die Handzugbank besteht aus 2 Zugrädern von ungefähr 1m Durchmesser und 60 cm Breite [...]. Auf einem dieser Zugräder oder Zugtrommeln, die in einem Anstand von 4-8 m aufgestellt sind, wird zunächst der Docht aufgewickelt. In der Mitte zwischen den beiden Rädern befindet sich die Zugwanne, in die das flüssige Wachs gebracht wird, welches durch Dampf, elektrisch oder auch durch eine Flamme, dauernd warmgehalten wird." Eine Zuggabel habe dafür gesorgt, dass der Docht auch stets eingetaucht blieb. Am Schluss wurde die Kerze dann auf die gewünschte Länge gebracht und der Docht auf einem Holzbrett freigeschnitten. „Das Freischneiden des Dochts geschah ab den 1950er-Jahren maschinell, die Kerzen wurden in Kaliber geschoben, die das Wachs um den Docht entfernten", sagt der Kerzenhändler.

Außer dem Bienenkorb an der Tür erinnert noch etwas an dem Haus an die Vergangenheit: eine weitere Tür, die aber erst in einem Meter Höhe beginnt. „Hier ist das Paraffin in 50-Kilo-Säcken angeliefert und von dort aus mit Schubkarren in den Hof gebracht worden. Dass die Tür so weit oben beginnt, hatte den Vorteil, dass man dort direkt die Ware anliefern konnte", sagt Roppelt. Im Hof sei das Paraffin weiterverarbeitet worden, denn dort hätten die Maschinen gestanden, mit denen sein Urgroßvater Kerzen zog. Damit folgte er einer uralten Tradition, denn: „Die Sehnsucht des Menschen nach Licht war zu allen Zeiten vorhanden", ist im *Fachbuch für den Wachszieher – Wachsbildner* zu lesen. „Im frühen Mittelalter wurden Kerzen meistens in Klöstern hergestellt, und da der erste Rohstoff das Bienenwachs war, ist das Wachszieherhandwerk eng mit der Imkerei oder Zeidlerei verbunden." Die Klöster hätten seinerzeit sogar einen Teil der Steuern in Bienenwachs verlangt.

Gerade auch in Bayern ist das Handwerk laut der Bayerischen Wachszieher-Innung seit Langem verankert: „Im dreizehnten Jahrhundert finden wir schon in Bayern Wachsziehermeister, die sich in München bereits um das Jahr 1660 in einer Zunft, später

Innung, zusammenschlossen. Übrigens gab es auch eine niederbayerische Innung der Lebzelter und Wachszieher, die ihren Sitz in Landshut hatte."
Kerzenziehen war aber nicht der einzige Beruf, der auf das Wachs zurückgeht: Aus dem Honig der Bienen wurden schließlich auch Lebkuchen und Met gefertigt. In dem Buch wird aufgezählt: „So entstanden die Wachszieher, Lebzelter und Metsieder, die meistens in einem Betrieb vereinigt waren. Oft gehörte dazu noch eine Imkerei und Wachsbleiche. Diese Betriebe lieferten die Wachskerzen. Andere Handwerker verkochten den Talg der Tiere zu Seife und die harten Talgsorten wurden in Formen zu Kerzen gegossen. [...] Aus dieser Entwicklung heraus entstanden die Seifen- und Kerzenfabriken."
Wer Wachsziehlehrling werden wollte, konnte sich nach Ansicht der Innung glücklich schätzen, sie empfahl, er „möge sich immer vor Augen halten, daß er einen der schönsten Handwerksberufe erlernt". Und: „Die Arbeit setzt außer dem normalen handwerklichen Können auch ein feines Einfühlungsvermögen voraus, gepaart mit künstlerischer Veranlagung und Sinn für Schönheit." Angesehen waren die Wachszieher auch, denn das Material „gehörte damals neben dem Eisen, Leder und Gold zu den edlen Rohstoffen". Und eben weil sie so angesehen waren, schreibt die Innung, hätten die Wachsziehermeister sogar einen Degen tragen dürfen.

Max Jakob Roppelt trägt zwar keinen Degen, dieser Brauch ist lange schon vorbei, angesehen ist er in Würzburg aber durchaus. Wie seine Vorfahren beweist er nicht nur in seinem Handwerk großes Können, sondern ist auch noch bienenfleißig. Der Korb an der Haustür passt also in doppelter Hinsicht.

So geht's zum Bienenkorb:

Er befindet sich am Haus Bronnbachergasse 18a.

Andreas Kutschelis macht mit seinen Händen und seiner Mimik deutlich: Anders als die Tafel über seinem Kopf behauptet, hat Richard Wagner hier nicht gewohnt.

07

Tafel
Richard Wagner wohnte woanders!

Wie viele Menschen haben schon bewundernd vor diesem Haus gestanden! Vor allem Musikfreunde haben es entzückt gemustert und sich vorgestellt, wie Richard Wagner (1813-1883) hier komponierte. Denn da steht es doch geschrieben: HIER WOHNTE 1833 RICHARD WAGNER UND SCHUF SEIN ERSTLINGSWERK < DIE FEEN >. Das ist aber falsch, wie Historiker Andreas Kutschelis aufgrund der neueren Forschung weiß. „Richard Wagner hat hier nie gelebt." Der Würzburger weiß auch, wie dieser Fehler zustande kam.

Doch bevor Kutschelis das verrät, will er zunächst auf die Bedeutung Würzburgs für den Komponisten eingehen: „Würzburg war der Ort des Auftakts seiner musikalischen Wanderjahre und der Beginn seiner künstlerischen Reife", benennt der Historiker die Bedeutung der Stadt am Main für den Musiker. Ende Januar 1833 reiste der Komponist nach Würzburg, wo sein ältester Bruder Albert Wagner (1799-1874) seit 1829 als Sänger am Theater tätig war. „Dort hatte er Richard ein Engagement als Chorrepetitor verschafft, gleichzeitig sollte dieser aber auch als Babysitter für seine drei Nichten fungieren, während Albert mit seiner Ehefrau, der Schauspielerin und Sängerin Elise Gollmann, auf Gastspielreisen weilte oder Auftritte zu absolvieren hatte", sagt Kutschelis.

Am 17. Februar 1833 registrierte Wagner sich bei der Würzburger Meldebehörde, „wohnhaft in der Hinteren Kapuzinergasse ‚I/40', einem Sträßchen, das heute Huebergasse heißt", berichtet Kutschelis. „Das Haus wurde 1945 zerstört und nicht wiederaufgebaut. Heute befindet sich dort, neben dem Gebäude Huebergasse 1, ein Parkplatz. Lediglich Außenmauerreste sowie die Rückwand zeugen noch von Wagners erster Würzburger Wohnstätte." Bereits am 17. Oktober 1833 wechselte Richard Wagner seine Unterkunft erneut und zog in die Lochgasse „II/34". Dieses Häuserareal wurde schon Anfang der 1850er-Jahre für den Bau der Schrannenhalle abgerissen. Kutschelis kann den genauen Standort dennoch benennen: „Wagners zweite Würzburger Wohnung bis zu seinem endgültigen Wegzug am 15. Januar 1834 lag auf dem heutigen Straßenverlauf der Spiegelstraße in Höhe der jetzigen Häuser Nr. 21 und 21a."

Keine Spur also von dem Haus, an dem die Gedenktafel hängt! Wie aber kam das Gebäude in der Kapuzinerstraße 7 dann zu der Tafel, auf der steht, Wagner habe hier gewohnt? „Als man 1888, dem Jahr der Uraufführung seiner Würzburger Oper *Die Feen*, in den Würzburger Melderegistern die Einträge zu Richard Wagner wiederfand, kam es zu einem Lesefehler", zitiert Kutschelis die neuere Forschung. Statt der Katasternummer „II/34" wurde „I/34" gelesen, zu der das Haus in der Kapuzinerstraße 7 gehörte. Und deshalb hängt hier, wo Wagner nie lebte, die Gedenktafel. Man schmückte das Gebäude also quasi mit fremden Federn.

Doch ob in diesem oder in einem anderen Haus: Die Würzburger Zeit war für Wagner ausgesprochen prägend. Hier begann er im Februar 1833 die Vertonung seiner Oper *Die Feen* und vollendete diese auch am 6. Januar 1834. Und der junge Musiker hatte jede Menge Spaß in der Stadt am Main: „Er war nicht nur mit zwei Liebesaffären beschäftigt, sondern er feierte auch gern und oft mit Freunden", sagt Andreas Kutschelis. Besonders der Felsenkeller und Biergarten „Der letzte Hieb" oberhalb der Stadt in Richtung Rottenbauer hatten es ihm angetan. So gut gefiel es ihm hier, dass er daran dachte, an diesem Ort ein Festspielhaus zu errichten. Das scheiterte allerdings an Bürgermeister Sebastian Benkert (1780-1845), der meinte, Würzburg habe schon ein Theater. Wagner hielt sich trotzdem weiterhin gern hier auf: An die aus-gelassenen Nächte erinnert eine Gedenktafel, die in die Mauer ein-gelassen ist. Hier steht: *In diesem Haus verlebte im Jahr 1833 Richard Wagner manch frohe Stunde im Kreise gleichgestimmter Seelen.*

„Der Name der Gaststätte verweist auf die in der Nähe gelegene Richtstätte Würzburgs im Mittelalter, wo Verurteilte den ‚letzten Hieb' erhielten und wo Richard Wagner Hiebe einstecken musste, aber auch verteilte", wie Kutschelis verschmitzt feststellt. Das vergaß der Meister nie und erwähnte daher diese Stätte noch in späteren Briefen und seinen Memoiren.

Wagner hat auch später noch manche frohe Stunde im unvergessenen Würzburg erlebt: Insgesamt vier Mal – 1835, 1872, 1873 und 1877 – hat er die Stadt nach seinem Wegzug abermals besucht, das letzte Mal sechs Jahre vor seinem Tod. An dem Haus, in dem er angeblich gewohnt haben soll, mag er dabei jedoch allenfalls vorbeispaziert sein.

So geht's zur Gedenktafel:

Sie hängt in der Kapuzinerstraße 7.

08

Straßenbahnrosette
Alles begann mit echten PS

Diese Rosette hat ausgedient! Einsam und vergessen hängt sie hoch oben an der Fassade, kaum jemand, der ab und an mal hinaufschaut. Und selbst wenn sie doch mal zufällig ein Blick streift, so schweift er genauso schnell wieder ab. Wer würde sich schon für eine alte Eisenrosette interessieren? Doch es gibt Menschen, die durchaus zu ihr hinaufblicken und wissen, dass hinter der Rosette eine spannende Geschichte steckt. Diese Menschen sind die Mitarbeiter der Würzburger Versorgungs- und Verkehrs-GmbH (WVV), allen voran der Betreuer des Historischen Archivs und Betriebsmuseums, Jürgen Dornberger, der sagt: „Das ist eine alte Oberleitungshalterung. Wandanker wie diese, von eisernen Rosetten umkränzt, waren früher an vielen Stellen in der Stadt angebracht. An ihnen hingen die Leitungen, die die Straßenbahnen mit Strom versorgten."

Dornberger weiß auch, dass die Geschichte der Würzburger Straßenbahn sogar noch älter ist als diese Rosette und dass sie einst zwar ganz ohne Strom, dafür aber mit echten PS funktionierte: „Sie beginnt mit der Pferdebahn, die im Jahr 1892 eingeführt wurde", macht der Archivbetreuer deutlich. Erste Überlegungen dazu hatte es schon ab 1875 gegeben – doch die liefen ins Leere. In seinem Standardwerk *Die Würzburger Straßenbahn* schreibt Thomas Naumann: „Die 1875 den städtischen Kollegien unterbreiteten Anträge, eine ‚Pferdestraßenbahn' einzurichten, wurden mit zweifacher Begründung abgelehnt. Zum einen sei eine ‚nicht zu verantwortende Gefährdung der Passanten' zu befürchten, wobei auf die beengten Straßenverhältnisse verwiesen wurde, und zum anderen wurde lakonisch beschieden, es bestehe ‚kein Bedürfniß'."

Es mussten erst noch zwölf Jahre vergehen, bis man der Straßenbahnidee in Würzburg aufgeschlossener begegnete: 1887 sammelte der „Verein zur Förderung des Fremdenverkehrs" Unter-

Straßenbahnrosette am Ursulinenkloster.

schriften für eine Pferdebahn, und diesmal zeigten die Herren des Magistrats sich offener: Im „Dreikaiserjahr" 1888 wurde ein „Trambahnvertrag" unterzeichnet. Der *Würzburger Telegraph* schrieb am 9. Mai 1889: „Zur Belebung und Förderung des Handels und Wandels in unserer Stadt hat sich der Magistrat entschlossen, eine Trambahn einzurichten und hat deshalb [...] einen Vertrag geschlossen, um das Unternehmen zum Nutzen und Frommen der aufblühenden Stadt ins Leben zu rufen." Dieser erste Versuch scheiterte allerdings daran, dass der zuständige Ingenieur es nicht schaffte, die ge-forderten zwei Jahre für den Streckenbau einzuhalten.

Doch am 3. August 1891 begann die Erfolgsgeschichte: Die „Würzburger Straßenbahn, Havestad, Contag & Cie." wurde gegründet. Ab 30. April 1892 fuhr die Straßenbahn im Vollbetrieb und „Polizeisoldaten" agierten als „Streckenwärter". Bürgermeister Dr. h.c. Johann Georg Ritter von Steidle (1828-1903) sagte bei der Eröffnungsfeier: „Der nördliche Teil, der Bahnhof, ist mit dem südlichen Teil, der Sanderau, verbunden." 1893 wurde eine weitere Strecke gebaut, die vom Dom zum Friedhof führte. Über die Eröffnungsfahrt am 20. Mai 1893 berichtete ein Zeitzeuge: „Wir hatten, offen gestanden, etwas Respect vor den kühnen Kurven [...] und hielten uns deshalb vorsichtigerweise etwas am Sitzbock fest, um nicht hinausgeschleudert zu werden."

Jürgen Dornberger kennt jede einzelne Straßenbahnrosette in Würzburg, auch diejenige, die am Würzburger Hof hängt.

Trotz diesem „Respect" fuhren die Würzburger gern und viel mit ihrer Pferdebahn. Genauer: 1.174.631 Menschen im Jahr 1893.

Ihnen standen 14 Wagen zur Verfügung, davon fünf offene für den Sommer. Im Gegensatz zu den meisten Würzburgern genossen die 56 Pferde „theils preußischer, theils Ardenner Rasse" die Bahn aber ganz und gar nicht: „Die Tiere litten sehr, es war auch von einer hohen Sterblichkeitsrate die Rede", bedauert der Betreuer des WVV-Archivs. „Wir wissen, dass die Hufschmiede gut zu tun hatten, weil die Hufe so oft beschädigt waren. Heute würde man das vielleicht als Tierquälerei bezeichnen." Vor allem im Winter seien die Tiere immer wieder auf den Pflastersteinen ausgerutscht. Dem *Generalanzeiger* war das eine Meldung wert: „Trotzdem sie alle dem schwächeren Geschlechte angehören und sehr poetische Namen, wie ‚Diana', ‚Linda', ‚Anna' usw. führen, müssen sie sehr ausdauernd sein, denn das Würzburger Straßenpflaster ist ja bekanntlich im Stande, selbst einen Gaul zur Verzweiflung zu bringen."

Zum Glück für die Tiere wurde die Pferdebahn 1899 von der elektrischen Straßenbahn abgelöst. Naumann schreibt: „Die ‚Elektrizitätsgesellschaft vorm. Schuckert & Cie.' stieg nunmehr in das Geschäft ein und am 10.7.1899 wurde die ‚Würzburger Straßenbahn AG.' auf der Grundlage eines Vertrages, der schon im März 1899 abgefaßt worden war, gegründet." Es folgten umfassende Umbaumaßnahmen an den Schienen – aber auch die Vorrichtungen für die Oberleitungen waren jetzt erforderlich. Deshalb wurden entlang der Gleisstrecke große mit Rosetten verzierte Haken angebracht. Und diese Rosetten sind eben heute noch zu sehen – zum Beispiel in der Kaiserstraße am Café Kiess oder auch am Barbarossaplatz am Würzburger Hof.

Die erste elektrische Linie war 2,42 Kilometer lang und fuhr vom Hauptbahnhof über die Kaiser- und die Theaterstraße zum Residenzplatz und über den Platz'schen Garten bis zur Sanderglacisstraße. Wie Thomas Naumann schreibt, trug das neue Verkehrsmittel aber durchaus zur Verwirrung des einen oder anderen Verkehrsteilnehmers bei. „Manche Zeitgenossen hatten freilich mit der ‚Elektrischen' ihre liebe Mühe; reihenweise stiegen sie in die Wagen der falschen Fahrtrichtung ein. Kommentar einer Betroffenen: Früher, wo no Roß dran warn, hat mer g'wußt, was vorn un hintn is, aber jetz kennt si kei Teufel mehr aus." Im Jahr 1908 gab es dann vier Linien, die durch die Farben Blau, Rot und Weiß gekennzeichnet waren, die blaue Linie verkehrte auf zwei Strecken.

Dann kam der Erste Weltkrieg und damit sowohl Personal- als auch Kohlemangel. „Letzterer wirkte sich insofern aus, als dass die für den Betrieb nötige Elektrizität mit Kohle erzeugt wurde", erläutert Dornberger. Doch die war knapp. Zunächst versuchte man, mit „Kohlefeiertagen", also Tagen, an denen Kohle gespart wurde, über die Runden zu kommen, dann wurde der Fahrplan um die Hälfte reduziert, was überfüllte Wagen zur Folge hatte. Den Personalmangel allerdings wusste man besser zu überbrücken: Frauen wurden eingestellt, die aber direkt nach Kriegsende wieder gehen mussten. Schließlich sollten sie den „ruhmreichen Kriegsteilnehmern" nicht die Arbeit wegnehmen.

Auch nach dem Krieg waren die Zeiten hart: „Der Wagenfuhrpark wurde lediglich repariert oder instandgehalten, aber neue Fahrzeuge kamen nicht hinzu", schildert Dornberger den Mangel, „das war schon eine ziemliche Durststrecke." Zumal durch die Inflation neue Probleme entstanden: Viele Würzburger konnten sich den Fahrschein schlicht nicht mehr leisten. Die Kohle wurde immer knapper, und schließlich musste der Straßenbahnverkehr am 8. April 1920 eingestellt werden. Doch im Juni 1924 gründete sich die „Neue Würzburger Straßenbahn GmbH", an der die Stadt 60 Prozent hielt. Nachdem es hier vier Jahre lang keine Straßenbahn gegeben hatte, rollten ab September wieder Wägen durch Würzburg.

Dass der Zweite Weltkrieg Einschränkungen für die Straßenbahn mit sich brachte, versteht sich von selbst. Wieder gab es Personal- und Materialmangel, doch das größte Problem waren die Zerstörungen durch Bombenangriffe. „Viele Fahrzeuge und fast das ganze Gleisnetz wurden zerstört", berichtet der Archivbetreuer. „Dennoch fuhr die Straßenbahn auf der kurzen Strecke Löwenbrücke-Heidingsfeld bereits ab Juni 1945 wieder." Das verkündete der „Wurfzettel des Oberbürgermeisters Nr. 25" vom 11. Juni 1945.

„Die Würzburger ließen sich nicht unterkriegen und ebenso, wie sie ihre Stadt aus den Trümmern wiederauferstehen ließen, bauten sie auch ihre Straßenbahn wieder auf, sodass zwei bis drei

Jahre später wieder alle Gleisstrecken in Betrieb genommen werden konnten", sagt Dornberger. Es waren goldene Zeiten für die Würzburger Straßenbahn – doch dann machte das Auto ihr bald Konkurrenz. „In den 60er- Jahren gab es den starken Wunsch nach einer autogerechten Stadt", macht Jürgen Dornberger die neue Lage deutlich.

„Die Straßenbahn wurde als störendes Element gesehen. Das hätte beinahe dazu geführt, dass sie, wie in vielen anderen Städten, ganz abgeschafft worden wäre."

„Die Straßenbahn wurde als störendes Element gesehen. Das hätte beinahe dazu geführt, dass sie, wie in vielen anderen Städten, ganz abgeschafft worden wäre."
Doch Würzburg hatte eine Persönlichkeit, die andere Städte nicht hatten. Einen Menschen, der sich über die Maßen für den Erhalt der Straßenbahn einsetzte: Dr. Franz Gerstner, Geschäftsführer der Würzburger Straßenbahn GmbH und gleichzeitig Bezirkstagspräsident. „Er hat sich dafür stark gemacht, dass die Straßenbahn bleibt", sagt Dornberger. „Und er hat mit dafür gesorgt, dass beim Bau des neuen Stadtteils Heuchelhof eine Trasse für die Straßenbahn freigehalten wurde. Die Straßenbahnlinie 5 wurde dann 1989 in Betrieb genommen."

Allein, die Streckenverläufe änderten sich, genauso wie die Ansprüche an die Zuglasten der Oberleitungen, die statische Nachweise erforderten. Heute können die Oberleitungen deshalb nicht mehr an den historischen Rosetten befestigt werden. Und deshalb hat auch die Rosette am Würzburger Hof ausgedient.

So geht's zur Straßenbahnrosette:

Straßenbahnrosetten sind an verschiedenen Stellen in der Stadt zu finden, etwa am Hotel Würzburger Hof am Barbarossaplatz, am Café Kiess in der Kaierstraße 6 und in der Sanderstraße.

Tor

Ein Garten für die Allgemeinheit

Es ist ein prachtvoller und beeindruckender Eingang für den Parkplatz eines Supermarktes: Barock anmutende Fassadenelemente aus verschiedenfarbigem Sandstein mit Gitterfenstern, dazwischen hohe Eisentore, schirmen den Bereich ab. Stadtkenner Willi Dürrnagel, der ganz in der Nähe wohnt, weiß, dass diese Elemente einmal den Eingang zu etwas ganz anderem bildeten – und dazu auch viel besser passten als zu einem Parkplatz. „Hier, wo sich jetzt der Supermarkt und der Parkplatz befinden, war früher der Hutten'sche Garten", erzählt der Hobby-Historiker, in dessen Sammlung sich Tausende Ansichtskarten und Bücher über Würzburg befinden.

1725 hatte die Stadt das Gelände zwischen der heutigen Virchowstraße und Schießhausstraße dem Fürstbischof Christoph Franz von Hutten (1673-1729) zur Anlage eines Gartens und zur Erbauung eines Schlösschens überlassen (siehe Geheimnis 33). Von Hutten legte inmitten des Sandes, der späteren Sander-Au, auf dem unteren Teil des Sanderangers eine rund 230 Meter lange und 50 Meter breite Grünanlage an, die zwischen der Schießhausstraße und der Virchowstraße verlief. „Der herrliche Garten reichte vom Sanderrasen bis hinunter zum Main, war mit schönen Figuren geschmückt und stand dem Publikum zum Besuch offen. Das Schlösschen wurde allerdings nur vom Fürstbischof genutzt", sagt Willi Dürrnagel. *Publica amoenitati et salubritati* stand im Eingangsbereich in der Virchowstraße, was so viel heißt wie „der öffentlichen Annehmlichkeit und zum privaten Wohlergehen".

„Von Hutten war immer sehr um das Wohl der Allgemeinheit besorgt", sagt Dürrnagel. „Er unterstützte Arme und Kranke, er förderte die Wissenschaft und die Kunst – zumindest die sakrale. Er zeigte sich offen gegenüber jüdischen Mitbürgern und er sorgte eben dafür, dass die Bürger einen Erholungspark bekamen. Viele

Willi Dürrnagel lehnt an dem Tor, das einst den Eingang des Hutten'schen Gartens bildete.

Würzburger haben die Grünanlagen auch sehr geliebt." Allerdings kam der Park nicht bei allen gut an.
Der Dichter Heinrich von Kleist (1777-1811), der 1800 für zwei Monate in Würzburg weilte (siehe Geheimnis 11), beschrieb den Erholungsort wenig schmeichelhaft: „Nach Vergnügen fragt man hier vergebens. Man hat hier nichts im Sinn als die zukünftige himmlische Glückseligkeit und vergisst darüber die gegenwärtige irdische. Ein elender französischer Garten, der Huttensche, heißt hier ein Rekreationsort.

> „Von Hutten war immer sehr um das Wohl der Allgemeinheit besorgt. Viele Würzburger haben die Grünanlagen auch sehr geliebt."

Man ist aber hier so still und fromm, wie auf einem Kirchhofe." Wenn ihm die Parkanlage auch nicht gefallen haben mag: Über Würzburg allgemein hat Kleist freilich auch Positives geschrieben, so zum Beispiel: „In der Tiefe, sagte ich, liegt die Stadt, wie in der Mitte eines Amphitheaters. Die Terrassen der umschließenden Berge dienten statt der Logen, Wesen aller Art blickten als Zuschauer voll Freude herab und sangen und sprachen Beifall, oben in der Loge des Himmels stand Gott."

Ob man den Hutten'schen Garten nun schätzte oder nicht, er musste bald wieder seine Pforten schließen. Dürrnagel erklärt: „Nach dem Tode des modernen und menschenfreundlichen Fürstbischofs ging die Grünfläche in die Hände seiner Familie über, die ihn noch einige Zeit in alter Pracht und Schönheit erhielt." Doch der Erhalt wurde zu teuer, Stück für Stück mussten die Erben verkaufen. „Bald wurde der Park in zwei Hälften geteilt, von denen die untere dem allgemeinen Zutritt entzogen wurde", bedauert Dürrnagel. Im oberen, östlichen Teil habe der Hofkonditormeister Bevern 1797 eine Gastronomie eingerichtet. „Der untere Teil wurde durch allmähliche Bebauung immer mehr verkleinert", erzählt der Stadtrat weiter. „Als Würzburg 1856 entfestigt wurde, legte man quer durch den Huttengarten eine neue Straße an, die Huttenstraße. Sie zertrennte nun endgültig das Grundstück in zwei Teile: den westlichen mit dem Schlösschen, den östlichen mit dem Gastronomiebetrieb. Die Bebauung des ehemaligen Gartengeländes mit hohen Mietshäusern setzte ein." Genau 100 Jahre nach Hofkonditormeister Bevern, kaufte Karl Wolz 1897 den oberen Teil der Anlage und baute zwischen 1903 und 1913 die Huttensäle, bestehend aus Theatersaal, Hochzeitssaal, Galeriesaal und kleinem Saal. Nach dem Zweiten Weltkrieg waren hier die Huttenlichtspiele beheimatet. „Als das Congress Centrum Würzburg gebaut wurde, waren die Huttensäle nicht mehr konkurrenzfähig, man hätte aufwendig investieren müssen. Am 24. Februar 1980 schlossen sie für immer ihre Pforten. Wo sie einst standen, befinden sich heute der Supermarkt und der Parkplatz", erzählt Dürrnagel die Geschichte zu Ende.

Die prachtvollen Barockelemente wollen so gar nicht zu dem dahinterliegenden Parkplatz passen.

Es gibt wenig, was an den großartigen Park erinnert: Nur das Huttenschlösschen ist geblieben. Und eben das Gartentor mit dem eisernen Gitter auf dem Parkplatz des Supermarktes. Auch der Name dessen, der das Eisengitter einst geschaffen hat, ist noch bekannt – Willi Dürrnagel hat ihn herausgefunden und sagt: „Selbstverständlich schmiedete es ein Hofschlosser, sein Name war Nikolaus Neeb."

So geht's zum Tor:

Es steht vor dem Parkplatz des Supermarkts tegut, Virchowstraße 2.

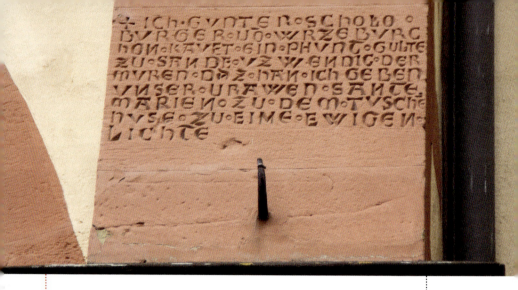

Der Haken unterhalb der Inschrift.

10

Haken

Zeitliches Versprechen – Ewiges Licht

Wozu dieser Haken früher wohl gut war? Er hängt ziemlich weit oben zwischen dem Eingang und der Durchfahrt der Deutschhauskirche. Wer sich die Mühe macht, die Inschrift darüber zu entziffern – was mit bloßem Auge nicht so ganz einfach ist – erfährt ein wenig mehr:

ICh GVNT_ER SChOLO BVRGER IJO WRZEBVRC hON KAVET EIN PHVNT GULTE ZU SANDE VZWENDIG DER mVREn DAZ hAN ICh GEBEn VNSER URAWEn SANTE mARIEN ZU DEm TVSChE hVSE ZU EIME EWIGEN LIChTE

steht da zu lesen. Ein Mann namens Gunter Scholo, Bürger von Würzburg, hat also ein ewiges Licht für die heilige Maria gestiftet. „Er hat sich verpflichtet, dass nachts in dieser dunklen Ecke immer ein Licht brennt. Und damit steht auch der Haken in unmittelbarem Zusammenhang", erklärt der Pfarrer der heute evangelischen Deutschhauskirche, Gerhard Zellfelder. „An ihm hing das Ewige Licht." Als Gunter Scholo dieses Versprechen gab und umsetzte, war das Gotteshaus noch katholisch.

Das Ewige Licht steht in der katholischen Kirche für die ständige Anwesenheit Gottes. Es zeigt, an welcher Stelle sich der Tabernakel mit den konsekrierten Hostien befindet, also der Aufbewahrungsort des geweihten Brotes. Dazu heißt es als alttestamentarische Prophezeiung bei Jesaia: „Bei Tag wird nicht mehr die Sonne dein Licht sein, und um die Nacht zu erhellen, scheint dir nicht mehr der Mond, sondern der Herr ist dein ewiges Licht, dein Gott dein strahlender Glanz. Deine Sonne geht nicht mehr unter und dein Mond nimmt nicht mehr ab; denn der Herr ist dein ewiges Licht, zu Ende sind deine Tage der Trauer."

Pfarrer Gerhard Zellfelder vor der zweiten Tafel neben dem Altar.

Entstanden ist der Brauch eines Ewigen Lichts, das meistens mit einem Schirm aus rotem Glas versehen ist, in Europa im 13. Jahrhundert – davor gab es ihn aber schon in den orientalischen orthodoxen Kirchen, wo man diesem Brauch bereits um 400 nach Christus folgte, als an den Märtyrergräbern und vor Altären Lichter entzündet wurden. In der Grundordnung des Römischen Messbuchs ist dazu zu lesen: „Nach überliefertem Brauch hat beim Tabernakel ständig ein mit Öl oder Wachs genährtes besonderes Licht zu brennen, wodurch die Gegenwart Christi angezeigt und geehrt wird."

Wenn dieses Ewige Licht vor der Deutschhauskirche auch nicht die Nähe eines Tabernakels anzeigte, so sollte es doch die Heiligkeit der Kirche zum Ausdruck bringen und der heiligen Maria leuchten, wie die Inschrift erzählt. Von dieser Inschrift ist Pfarrer Zellfelder sehr angetan – nicht nur wegen ihres Inhalts.

„Ich finde, die Inschrift ist außergewöhnlich sorgfältig und kunstvoll gearbeitet, was auch dafür spricht, dass der Stifter ein wohlhabender Mann gewesen ist. Ansonsten wissen wir nicht viel über ihn, nur dass er wohl Bäcker war und die Stiftung um 1280 gemacht hat", erzählt der Geistliche. „Unbekannt ist aber, ob er das ewige Licht als Sühne oder schlicht aus Frömmigkeit spendete."

„Er hat sich verpflichtet, dass nachts in dieser dunklen Ecke immer ein Licht brennt. Und damit steht auch der Haken in unmittelbarem Zusammenhang."

Dafür, dass Gunter Scholo entweder Buße tun wollte oder schlichtweg ein guter Mensch war, spricht noch eine andere, neben dem Altar angebrachte Tafel, der zu entnehmen ist, dass er sich verpflichtete, regelmäßig eine Brotspeisung für Arme zu machen. Und die haben sich sicherlich über die milde Gabe gefreut – ganz egal, ob Gunter Scholo nun aus Reue oder aus Mildtätigkeit handelte.

So geht's zum Haken:

Er ist direkt unter der Schrift in der Stiftertafel befestigt. Diese hängt an der Deutschhauskirche zwischen dem Eingang und der Durchfahrt. Eine weitere Tafel befindet sich rechts neben dem Altar. Die Deutschhauskirche steht am Schottenanger 2.

Kleist war hier. Aber warum?

Erinnerungstafel

Kleist in Würzburg

Die kleine Tafel sitzt so weit oben und so versteckt, dass man Gefahr läuft, sie zu übersehen. Dabei steht an diesem Barockbau etwas so Wichtiges zu lesen: *HIER WOHNTE BEI DEM CHIRURGEN WIRTH IM SEPTEMBER / OKTOBER 1800 DER DICHTER HEINRICH VON KLEIST.* „Und das", sagt Dr. Johannes Sander, wissenschaftlicher Mitarbeiter an der Uni Würzburg, „ist wirklich ein großes Geheimnis, weil wir im Grunde nicht wissen, warum sich Heinrich von Kleist eigentlich hier in Würzburg aufgehalten hat."

Damals noch ein junger Schriftsteller von Anfang 20 – erst später sollten Werke wie *Michael Kohlhaas*, *Prinz Friedrich von Homburg* oder *Das Käthchen von Heilbronn* erscheinen und ihn berühmt machen – war Heinrich von Kleist (1777-1811) also im Herbst 1800 in Würzburg. „Er kam hier am 9. September mit einem Freund an. Die beiden logierten im Fränkischen Hof, der stand an der Julius-Promenade und war ein sehr stattlicher Bau und dementsprechend teuer", erzählt Johannes Sander weiter. „Sie haben sich aber unter falschem Namen eingetragen – als Herr Bernhoff und Herr Klingstedt, das war Kleist. Sie gaben an, Studenten aus Leipzig zu sein." Doch dann sei ihnen der Fränkische Hof zu teuer geworden und sie zogen um in eine Privatunterkunft, ins Haus des Chirurgen Wirth. Dabei handelt es sich um ebenjenes Gebäude, an dem heute, zu einer schmalen Seitengasse hin, die Tafel hängt und an den Aufenthalt unbekannter Ursache erinnert.

„Da gibt es die wildesten Theorien. Die einen sagen, er habe für die preußische Textilindustrie spioniert, die anderen meinen, er habe sich hier habilitieren wollen. Andere glauben, der Dichter habe an einer Glücksspielformel arbeiten wollen, um damit seine Schulden zu begleichen, er war wohl ein großer Spieler. Wieder andere sagen, er habe sich in Würzburg einem heiklen medizinischen Eingriff unterziehen wollen, er habe eine Geschlechtskrankheit gehabt", zählt Sander auf und bekundet, was er davon hält: „Aber keine dieser Thesen ist bewiesen, das ist alles Spekulation." Eine besonders schöne These zu Kleist und Würzburg hat er beim Germanisten Professor Helmut Pfotenhauer nachgelesen, bei dem er als junger Student im Hörsaal saß: „Er hat im Grunde genommen gesagt, dass Heinrich von Kleist hier seinen literarischen Ansatz gelebt hat. Kleist war ja ein großer Novellendichter. Und all das, was diese Novellenliteratur ausmacht, die unerhörte Begebenheit, das Unerklärliche, das Geheimnisvolle, habe er mit seinem Aufenthalt in Würzburg mit seiner eigenen Biografie umgesetzt und seine Umgebung sozusagen in diesen Novellenzustand versetzt."
Während seiner Würzburger Zeit schrieb Kleist eine Reihe von Briefen – die auch erhalten sind – an seine damalige Verlobte, das „Stiftsfräulein Wilhelmine von Zenge Hochwürd. und Hochwohlgeb. zu Frankfurt a. d. Oder". Am 11. September 1800 erzählte er seinem „liebste[n] Herzensmädchen" von dieser Stadt: „Das Ganze hat ein echt katholisches Ansehn. Neun und dreißig Türme zeigen an, daß hier ein Bischof wohne, wie ehemals die ägyptischen Pyra-

miden, daß hier ein König begraben sei. Die ganze Stadt wimmelt von Heiligen, Aposteln und Engeln, und wenn man durch die Straßen geht, so glaubt man, man wandle durch den Himmel der Christen."

Wenig Positives scheint Kleist an den Straßen Würzburgs zu finden. Sie habe, wie er urteilt, „der regelloseste Zufall gebildet. […] Da hat sich jeder angebaut, wo es ihm grade gefiel, ohne eben auf den Nachbar viele Rücksicht zu nehmen. Daher findet man nichts als eine Zusammenstellung vieler einzelnen Häuser, und vermißt die Idee eines Ganzen, die Existenz eines allgemeinen Interesses. Oft ehe man es sich versieht, ist man in ein Labyrinth von Gebäuden geraten […]." Die Residenz bekommt ebenfalls nicht seinen Beifall: „Das bischöfliche Residenzschloß zeichnet sich unter den Häusern aus. Es ist lang und hoch. Schön kann man es wohl nicht nennen. Der Platz vor demselben ist heiter und angenehm."

Und Kleist wundert sich über die Gläubigkeit der Würzburger: „Aber alle diese Kirchen sind von früh morgens bis spät abends besucht. Das Läuten dauert unaufhörlich fort. Es ist als ob die Glocken sich selbst zu Grabe läuteten, denn wer weiß, ob die Franzosen sie nicht bald einschmelzen. Messen und Hora wechseln immer miteinander ab, und die Perlen der Rosenkränze sind in ewiger Bewegung. Denn es gilt die Rettung der Stadt, und da die Franzosen für ihren Untergang beten, so kommt es darauf an, wer am meisten betet."

Dr. Johannes Sander interessiert sich schon von Berufs wegen für die Frage, warum sich Kleist in Würzburg aufhielt.

Man müsse, merkt Sander an, Kleists Besuch auch im zeitlichen Kontext sehen. „Es war der Vorabend der Säkularisation, die Napoleonischen Kriege tobten." Und davon schreibt Kleist am 12. September 1800 auch ausführlich an seine Liebste: „Was Dir das hier für ein Leben auf den Straßen ist, aus Furcht vor den Franzosen, das ist unbeschreiblich. Bald Flüchtende, bald Pfaffen, bald Reichstruppen, das läuft alles buntscheckig durcheinander, und fragt und antwortet, und erzählt Neuigkeiten, die in 2 Stunden für falsch erklärt werden." Dass die Würzburger offensichtlich schon 1800 gern einen Brückenschoppen tranken, geht aus dem Schreiben ebenfalls hervor: „Besonders des Abends auf der Brücke ist ein ewiges Laufen hinüber und herüber. Da stehn wir denn in einer Nische, Brokes und ich, und machen Glossen, und sehen es diesem oder jenem an, ob er seinen Wein in Sicherheit hat, ob er sich vor der Säkularisation fürchtet oder ob er den Franzosen freundlich ein Glas Wein vorsetzen wird. Die meisten, wenigstens von den Bürgern scheinen die letzte Partie ergreifen zu wollen. Das muß man ihnen aber abmerken, denn durch die Rede erfährt man von ihnen nichts. Du glaubst nicht, welche Stille in allen öffentlichen Häusern herrscht. Jeder kommt hin, um etwas zu erfahren, niemand, um etwas mitzuteilen. Es scheint als ob jeder erst abwarten wollte, wie man ihm kommt."

Eine Passage aus Kleists Briefen über Würzburg hat es Johannes Sander besonders angetan: „Kleist hat hier auch die Leihbücherei besucht und gefragt: Haben Sie Goethe, Schiller und Wieland? Nein, kommt als Antwort, die haben wir hier alle nicht. Was wird denn dann hier gelesen, fragt er. Und dann ist die Antwort: Rittergeschichten, lauter Rittergeschichten. Links mit Gespenstern, rechts ohne. Ganz wie Sie wollen", erzählt der Germanist schmunzelnd. Ob Kleist sich für die Rittergeschichten mit Gespenstern oder ohne Gespenstern entschied oder ob er die Lektüre im Regal stehen ließ, ist nicht bekannt.

So geht's zur Tafel:

Sie befindet sich am Kaufhaus am Markt zwischen dem Schmalzmarkt und dem Marktplatz (Schmalzmarkt 3) an der Seite, die der kleinen Gasse zugewandt ist.

Wolf von Bodisco hat den langen Weg dieser Figuren an ihren heutigen Standort recherchiert.

Figuren
Nach mehreren Umzügen Ruhe gefunden

Malerisch und friedlich sieht es aus, wie sich die hellen Figuren an den sehr schroffen Tuffstein unterhalb des Käppele schmiegen. Doch ein wenig Mitleid bekommt man bei ihrer Betrachtung schon – denn kaum jemand nimmt sie wahr. Der Platz, an dem sie sich befinden, ist viel zu verborgen, und die wenigen Menschen, die hier vorbeikommen, eilen an ihnen vorüber. Wolf von Bodisco hat sie allerdings entdeckt – im Zuge seiner Recherchen über Dinge, die in Würzburg nicht mehr dort stehen, wo sie einmal standen. Und dazu zählen auch die Figuren.

„Es ist unglaublich, wie viele Figuren, Brunnen und Gartenhäuschen in Würzburg umgezogen sind", sagt der Heimatforscher. „Diese hier bildeten zusammen einen Ölberg und befanden sich einst in der Nische neben dem Eingang zur Burkarder Kirche."

1521 hat Tilman Riemenschneider (1460-1531) beziehungsweise dessen Werkstatt sie geschaffen. Lange standen sie dann wohl in ihrer Nische an der Burkarder Kirche, bis sie so beschädigt waren, dass sie im Jahr 1830 ihren Platz verlassen mussten. Vermutlich kamen die Apostel dann sofort an ihren neuen Bestimmungsort. „Karl Gottfried Scharold berichtet 1836, daß die Apostel nun in einem Weinberg am Weg zum Käppele zu finden seien", schreibt Jörg Lusin in seinem Aufsatz *Nicht der Glaube versetzte Ölberge*.

Die Nische an der Burkarder Kirche beherbergt heute Werke des Johann Wolfgang von der Auwera.

Bei den heutigen Figuren unterhalb des Käppele, handelt es sich nicht um die originalen, sondern um Kopien. „Das Grundstück hier gehört den Maria-Ward-Schwestern, und die haben die drei Originale 1907 ans Luitpoldmuseum, das heute Mainfränkisches Museum heißt, verkauft", berichtet Wolf von Bodisco. „Für den alten Standort wurden Duplikate angefertigt."

Aber an dem Felsen sind doch fünf Figuren zu sehen – nicht nur die drei Jünger, sondern auch die Christusfigur und der Engel? „Obwohl die beiden Hauptfiguren in der Literatur nirgends erwähnt werden, standen sie bis in die späten 60er-Jahre auf den Tuffsteinen in der Nikolausstraße vor dem Treppenaufgang zum Käppele", schreibt Lusin. „Dann waren sie plötzlich verschwunden, die Jünger dösten wieder alleine vor sich hin."

Die Frage, wohin sie verschwanden und wie es kommt, dass sie jetzt wieder dort stehen, kann beantwortet werden: Der Verschönerungsverein hatte Mitleid mit den Vereinsamten. 1994 beschlossen die Mitglieder deshalb, sich auf die Suche nach den verschollenen

Hauptfiguren zu machen – und diese Suche erwies sich als gar nicht so einfach. Es brauchte lange, bis der entscheidende Hinweis kam: „Ein Bildhauer hatte sie in seiner Werkstatt in Kleinrinderfeld aufbewahrt", erzählt Wolf von Bodisco. „Man hatte eigentlich vorgehabt, sie dort zu sanieren, aber dann war kein Geld da und schließlich wurde das Ganze vergessen." Mithilfe des Verschönerungsvereins wurden Kopien angefertigt, die seit 1995 nahe des Treppenaufgangs zum Käppele stehen.

Die Nische, in der diese Figuren ursprünglich standen, ist aber eben keineswegs leer. Ein anderer Ölberg, von Johann Wolfgang von der Auwera geschaffen, hat hier Einzug gehalten. Und auch diese Figuren, die heute in der Nische vor der Burkarder Kirche zu finden sind, sind bereits umgezogen. Zwei Mal sogar. „Sie standen früher auf dem Leichenhof zwischen Dom und Neumünster vor dem alten Landgericht", sagt Wolf von Bodisco. Als dieses 1894 abgerissen wurde, sei der Ölberg im Weg gewesen, weil dort eine inzwischen nicht mehr existierende Straße entstand. „Heute steht dort das Dommuseum." Zunächst zogen die Originale samt Pavillon nach dem Abriss des Landgerichts auf den Hauptfriedhof um, dann wurden für diesen Standort Kopien angefertigt und die originalen Figuren – allerdings ohne ihren Pavillon – 1956 an die Burkarder Kirche gebracht, wo sie heute noch stehen und vielleicht für immer ihren Platz gefunden haben. „Ein neuerlicher Umzug steht in den nächsten Jahren und Jahrzehnten wohl nicht an", schmunzelt Wolf von Bodisco, und zwar weder für die Ölberggruppe in der Nikolausstraße noch für die in der Burkarder Straße.

So geht's zu den Figuren:

Sie finden sich gegenüber der Nikolausstraße 5 an der Felswand. Die Figuren von der Auweras befinden sich in der Nische neben dem Eingang zur Burkarder Kirche.

Barbara Bauner erklärt, was es mit den rätselhaften Rillen auf sich haben könnte.

13

Wetzrillen
Am Gotteshaus Funken geschlagen?

Man kann sie ganz deutlich erkennen: Links und rechts neben dem Haupteingang und dann nochmal in der Durchfahrt in etwa drei Metern Höhe finden sich an der Deutschhauskirche merkwürdige Einkerbungen. Sie sehen aus, als habe jemand mit einem Messer am Stein gerieben. Solche Rillen gibt es – allerdings meist weitaus tiefer und breiter – auch an etlichen anderen Kirchen und öffentlichen Gebäuden in ganz Deutschland. Viel wurde über sie gerätselt, zahlreiche Erklärungsansätze gefunden.

Einer lautet, Soldaten hätten hier ihre Schwerter wahlweise geschärft oder, wenn sich die Abschürfungen an Gotteshäusern befinden, gesegnet. Eine relativ neue Erklärung des Nürnbergers Karl-Friedrich Haas ist, es handle sich um Markierungen von Bettlern, die anderen Bettlern ab dem 16. Jahrhundert damit kundtaten:

„Hier gibt es etwas." Die nächste Theorie besagt, dass man im Mittelalter Steinpulver als Arznei verwendete und die Menschen es hier herausschabten. „Ganz genau weiß man nicht, wie diese Rillen entstanden sind", bestätigt Barbara Bauner, die sich als Kunstbeauftragte der Evangelisch-Lutherischen Landeskirchen Bayerns (ELKB) für Unterfranken viel mit der Deutschhauskirche beschäftigt hat. „Es gibt aber noch eine andere Theorie, nämlich die, dass die Rillen beim Funkenschlagen entstanden sind." Dafür spräche auch, dass sie sich meistens in einer Höhe befinden, in der sich die dafür nötige Handbewegung gut ausführen lässt, und zumeist am Eingang eines öffentlichen Gebäudes auszumachen sind.

Aber an der Deutschhauskirche finden sich diese Einkerbungen auch in etwa drei Meter Höhe. Da hätte ja schon jemand eine Leiter nehmen müssen, um dort oben Funken zu schlagen! Aber auch die anderen Vermutungen, um was es sich bei den Rillen handeln könnte, fallen in dieser Höhe weg: Warum sollte jemand sich zum Beispiel die Mühe machen, so weit nach oben zu klettern, wenn er sein Schwert doch auch viel weiter unten an einem Stein wetzen kann? „Ich bin mir fast sicher, dass das Straßenniveau vor der Deutschhauskirche früher etwa zwei Meter höher war", hat die Architektin eine Erklärung und macht

An der Deutschhauskirche finden sich an mehreren Stellen merkwürdige Einkerbungen.

das außer an den Wetzrillen noch an weiteren Punkten fest: Zum einen ist in der Durchfahrt (siehe Geheimnis 22) eine an ihrer höchsten Stelle etwa zwei Meter hohe Natursteinmauer zu erkennen, die unter der Erde gelegen haben dürfte. Zum anderen finden sich an der Durchfahrt Ecksteine, die die Architektin als Kurvensteine deutet, wie man sie früher an Einfahrten oder engen Stellen anbrachte, damit die Wagennaben nicht das Haus streiften. Und die befinden sich hier in etwa zwei Metern Höhe, wo sie auch wieder keinen Sinn ergeben.

„Diese Wetzrillen künden also nicht nur davon, dass die Straße einst vermutlich höher lag, sondern sie unterstreichen auch die These, dass die Rillen beim Feuerschlagen entstanden sind", erklärt sie. „Denn direkt nebenan gab es ein ewiges Licht" (siehe Geheimnis 10).

Ob sich der Sandstein tatsächlich eignete, um Feuer daran zu entzünden – auch darüber gibt es gänzlich unterschiedliche Meinungen. Der Autor Georg Steffel hat sich in seinem Aufsatz *Die rätselhaften Rillen* akribisch mit den Wetzrillen auseinandergesetzt, Theorien aufgegriffen und hinterfragt und ist zu dem Schluss gekommen: „Es muss einen konkreten Grund geben, weshalb die Rillen in der Nähe von Türen und Toren entstanden sind." Und noch dazu eben an Gebäuden, in denen viele Menschen zusammentrafen. „In allen Fällen wird das Bedürfnis bestanden haben, beim Verlassen der Gebäude nach Eintritt der Dunkelheit Licht zu machen, eine Laterne zu entzünden oder etwa eine Tabakspfeife in Brand zu setzen." Übrigens: Steffel hat selbst ausprobiert, ob sich an Sandstein Feuer schlagen lässt, und dabei keine Mühe gescheut. Er schreibt: „Es bleibt festzustellen, dass es möglich ist, ohne besonderen Aufwand und mit Regelmäßigkeit Feuer aus Sandstein zu entfachen. Quod erat demonstrandum." Zu Deutsch: Was zu beweisen war.

So geht's zu den Wetzrillen:

Sie befinden sich neben dem Haupteingang zur Deutschhauskirche in etwa 1,50 Meter Höhe und in der Durchfahrt an der Seite in etwa 3 Metern Höhe. Die Deutschhauskirche steht am Schottenanger.

Aus dem Uniklinikgelände ragt ein Turm auf – und der trägt eine Krone. Aus gutem Grund!

14

Krone
Von höchster Stelle an höchster Stelle

Gekrönte Häupter hat Würzburg schon viele beherbergt – in fernerer Vergangenheit, aber auch in jüngerer, man denke nur an den Besuch Königin Silvias von Schweden im Jahr 2015. Doch Würzburg kennt nicht nur gekrönte Häupter, sondern auch einen gekrönten Turm. Man kann ihn sogar sehr gut sehen: Wenn man von Nordosten über den Greinbergknoten in die Stadt hineinfährt, drängt er sich regelrecht ins Bild.

Bemüht man sich, der Frage auf den Grund zu gehen, was das für ein Turm ist und warum er eine Krone trägt, landet man schnell bei der Uniklinik, bei merkwürdigen Elementen in einem Busch und bei Harald Thal, seines Zeichens Geschäftsbereichsleiter 5 Technik und Bau an der Uniklinik, und bei seinem Kollegen Philipp Elbert. Thal erklärt zunächst mal, was es mit den merkwürdigen Gebilden auf sich hat, die vor der Tordurchfahrt zum Turm im

Gebüsch stehen. „Das sind Zacken, die einmal aus der Krone herausgebrochen sind", sagt er. „Wir wollten sie nicht einfach so entsorgen und haben sie deshalb hier aufgestellt. Auch wenn wohl kaum jemand etwas damit anfangen kann oder darauf kommt, dass das Segmente aus der Krone wären." Womit wir schon beim Thema wären: die Krone. Und warum der Turm selbige trägt. „Die Uniklinik wurde ja 1907 von Prinzregent Luitpold gestiftet, weshalb sie auch Luitpold-Krankenhaus hieß", erklärt Thal. „Auf diese Stiftung wollte man wohl an der höchsten Stelle des Krankenhauses hinweisen, indem man dem Turm eine Krone aufsetzte."

Doch der Grund für den Bau des 1915/16 errichteten Turms ging weit darüber hinaus, nur die Krone zu präsentieren: „Der Turm hatte zwei Funktionen", sagt Philipp Elbert. „Zum einen war es ein Abgaskamin für die Kessel im angrenzenden Heizkraftwerk und diese Funktion hat er noch heute." Und zweitens handelte es sich bei dem 66 Meter hohen Gebäude um eine Art Wasserturm, er diente der Druckhaltung. Nachts wurde Wasser in das Becken ganz oben am Turm, das man an der auskragenden Form erkennt, gepumpt, um den nötigen Druck im Wassernetz zu gewährleis-

Harald Thal (li.) und Philipp Elbert stehen neben den Zacken, die aus der Krone gebrochen sind.

ten." August Lommel schreibt dazu 1925 in seinem Werk über das Luitpold-Krankenhaus: „Da größter Wert darauf gelegt werden musste, dass in den Mischventilen der Bäder, Ärztewaschtische u. dergl. das kalte Frischwasser des städtischen Wasserleitungsnetzes und das erwärmte Brauchwasser des eigenen Netzes unter den gleichen Druckverhältnissen zusammenströmen, sodass weder das kalte Frischwasser in das Warmwassersystem noch das warme Brauchwasser in das Frischwassersystem eindringen kann, so war es nötig, das Brauchwarmwasser unter den gleichen Druck zu setzen, den das städtische Kaltwassersystem besitzt. Aus diesem Grunde war die Anlage eines Hochbehälters erforderlich; dieser ist mit dem Dampfkamin des Kesselhauses verbunden und wurde mit diesem zusammen zu dem für das Luitpoldkrankenhaus charakteristischen Kaminturm abgebildet."

Seit den 1960er-Jahren wird der Turm aber nicht mehr als Hochbehälter genutzt, sondern dient nur noch als Kamin für die Gasturbinen und Kessel. Und als Aussichtsturm kann er sich auch sehen lassen. Von oben kann man einen wunderbaren Blick über das ganze Klinikgelände genießen: Das Krankenhaus, das Luitpold einst stiftete, hat heute 19 Kliniken mit Polikliniken, drei selbstständige Polikliniken und drei klinische Institute. Und ganz schön viel los ist auch auf dem Gelände, das man vom Turm aus überblicken kann: 6.300 Menschen stehen hier in Lohn und Brot, 69.000 Patienten werden per anno stationär und 260.000 Kranke ambulant behandelt.
Die Energie, die für all das nötig ist, wird zu einem großen Teil in der Klinik selbst erzeugt – in den Gebäuden rund um den Turm, diesem riesigen, bekrönten Schornstein.

....
So geht's zur Krone:

Man kann sie wunderbar sehen, wenn man von Nordosten über den Greinbergknoten in die Stadt fährt. Der Turm steht auf dem Gelände der Uniklinik, Josef-Schneider-Straße 2, und ist als Haus D11 bezeichnet. Man findet ihn, wenn man den unteren Parkplatz ganz bis zum Ende fährt.

Michael Reinhard weiß, was das Chorgestühl in der Burkarder Kirche mit der Redewendung „Halt die Klappe" zu tun hat.

15

Chorgestühl
Wenn die Mönche nicht mehr konnten

Das würde Michael Reinhard niemals zu seinen Lesern und auch nicht zu seinen Redakteuren sagen: „Halt die Klappe!" gehört nicht wirklich zu seinem Vokabular. Zum einen, weil der Chefredakteur der *Main-Post* ein höflicher Mensch ist, zum anderen hält er's, wie so viele seiner Kollegen, mit dem französischen Philosophen und Schriftsteller Voltaire (1694-1778), der den berühmten Spruch prägte: „Mein Herr, ich teile Ihre Meinung nicht, aber ich würde mein Leben dafür einsetzen, dass Sie sie äußern dürfen." Wenn also jemand anderer Ansicht ist als Michael Reinhard, wird er vielleicht mit diesem diskutieren, keinesfalls aber zu ihm sagen, er möge die Klappe halten. Der Ursprung dieses Ausspruchs interessiert den Journalisten aber durchaus: „Wenn man jeden Tag mit Sprache umgeht, dann will man natürlich wissen, wie die eine oder andere Redewendung entstanden ist", sagt Michael

Reinhard und erzählt, was der aus dem Mittelalter stammende Ausspruch „Halt die Klappe" mit der Burkarder Kirche und dem dortigen Chorgestühl zu tun hat.

Viele Chorgestühle waren früher mit Klappsitzen ausgestattet. Bei dem prachtvollen Chorgestühl in der Burkarder Kirche, das an sich schon sehenswert ist, ist das noch heute der Fall. An den Unterseiten der Klappsitze befinden sich sogenannte Misericordien – Misericordia heißt zu Deutsch Barmherzigkeit oder Mitleid. Die Misericordien sind kleine Stützbretter, die es den Mönchen erlaubten, auch im Stehen eine halb sitzende Haltung einzunehmen. Vor allem ältere und geschwächte Mönche sollte das entlasten. „Wenn sie sich auf den Misericordien abstützten, war die Sitzfläche nicht ganz hochgeklappt. Sie wurde vom Körpergewicht leicht nach vorne gezogen, sodass vielleicht zehn Zentimeter bis zur Lehne fehlten", schildert Michael Reinhard. „Und manch ein Mönch nickte bei allzu langen und anstrengenden Gottesdiensten schon mal ein. Dabei konnte es passieren, dass er von dem barmherzigen Brettchen herunterrutschte und der Klappsitz mit einem lauten Knall an die Lehne flog." Um diesen peinlichen Moment zu verhindern, musste er die Klappe unbedingt halten.

Auf der Unterseite des Sitzes ist eine Misericordie angebracht.

Eine weitere mögliche Erklärung für die Entstehung der alten Redewendung geht ebenfalls auf das Chorgestühl zurück. Im Verlauf der Messe mussten sich die Mönche häufig von ihren Sitzen erheben. Wenn sie dann die Klappe nicht festhielten oder vorsichtig genug aufstanden, passierte dasselbe. Das Holzstück flog mit einem lauten Knall an die Lehne – ein Geräusch, das in der ganzen Kirche widerhallte. Peinlich waren auf jeden Fall beide Varianten!

Hölzerne Chorgestühle – ihre Vorgänger waren übrigens aus Stein – gab es schon seit dem Frühmittelalter. Klappsitze hatten diese ersten Modelle allerdings noch nicht.

Die Misericordien, auf denen die Mönche eine halb sitzende Stellung einnehmen konnten, werden erstmals Ende des 11. Jahrhunderts erwähnt und zwar in den *Consuetudines Hirsaugienses*, der Ordensregel der Benediktiner in Hirsau im Schwarzwald. Die Chorgestühle waren häufig mit reichhaltigen Schnitzereien verziert, in der Burkarder Kirche handelt es sich – bei den Misericordien – allerdings um schlichte Holzplatten.

„Die Bildschnitzer durften ihrer Fantasie oft freien Lauf lassen."

Wenn die Misericordien verziert waren, erlaubte die Stelle, an der sich die Schnitzereien befanden, keine wirklich biblischen Darstellungen, denn der Allerwerteste der Mönche befand sich ja in unmittelbarer Nähe. Man wählte daher eher profane, manchmal sogar obszöne Abbildungen für diese Bereiche des Chorgestühls. „Die Bildschnitzer durften ihrer Fantasie oft freien Lauf lassen", schmunzelt Michael Reinhard. In der Marienkirche zu Dortmund findet sich in den Misericordien zum Beispiel die Darstellung eines betrunkenen Mönchs. Er liegt auf dem Rücken und hält ein riesiges Fass. Auch Narren, Fabelwesen und Monster tummeln sich gern in den Misericordien. Eine Entdeckungstour auf der Spur der Misericordien Deutschlands lohnt sich also.

Aber pssst: Wenn man sie entdeckt, besser die Klappe halten! Es handelt sich um echte Geheimtipps!

So geht's zum Chorgestühl:

Es befindet sich rechts und links des Altars in der Burkarder Kirche. Diese steht in der Burkarder Straße 40.

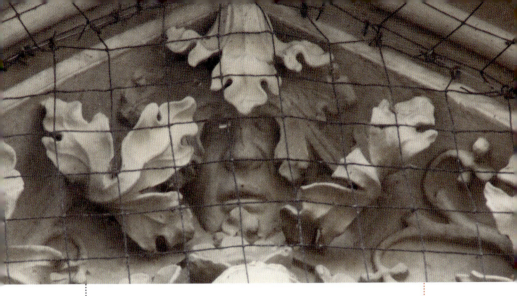

Still und versteckt richtet das steinerne Gesicht seinen Blick auf den Betrachter.

Gesicht
Der Mann im Blätterwerk

Ganz aus dem Verborgenen heraus richtet er seinen Blick auf jene, die durch das Portal in die Marienkapelle gehen. Still mustert er die Menschen, die die originelle Verkündigungsszene am Tympanon betrachten und sich über das Jesuskind freuen, das auf einem langen Rohr ins Ohr der Maria rutscht (siehe *Würzburger Geheimnisse*, Band 1). Kaum jemand hat ihn in seinem Versteck bisher entdeckt, selbst Dr. Stefan Bürger, Professor am Institut für Kunstgeschichte der Universität Würzburg mit den Forschungsschwerpunkten Kunst des Spätmittelalters und der Frühen Neuzeit sowie Mittelalterliche Bautechnik und Bauorganisation, sagt: „Ich habe ihn bisher auch übersehen." Doch genau dieses Übersehen, sagt der Kunsthistoriker, sei Teil des Spiels: „Häufig tauchen solche Formen erst auf, wenn ein Bauteil eingerüstet ist und intensiv untersucht wird." An der Marienkapelle aber zeigt sich das

Gesicht auch außerhalb einer Restaurierungsphase – die einzige Voraussetzung ist, genau hinzusehen.

Das Gesicht, von dem man nur einen Teil sieht, weil es vom steinernen Blätterwerk verdeckt wird, sitzt ganz oben im Spitzbogen des Nordportals – über Gottvater und der Verkündigungsszene. Wen aber soll es darstellen? Den Heiligen Geist?

Stefan Bürger vermutet, dass hier niemand Bestimmtes gemeint ist. Weil das Gesicht fast vom steinernen Blattwerk verdeckt ist, könnte es sich um eine Blattmaske handeln. Blattmasken sind Gesichter, die beispielsweise von akanthusartigen Blattformen so umgeben sind, dass die Blätter die Haare oder auch die Bärte bilden. Belegt sind sie seit dem 1. Jahrhundert v. Chr., besonders beliebt waren sie in der Gotik und sind bis in die Renaissance hinein zu finden. Im Manierismus und Barock bediente man sich dieser Kunstform aber nur noch selten. Am Bamberger Reiter ist eine solche Blattmaske, auch als *Green Man* bezeichnet, ebenfalls auszumachen – allerdings deutlich prominenter als an der Würzburger Marienkapelle: Sie sitzt dort am rechten unteren Konsolstein. In *Die Kunstdenkmäler von Oberfranken* ist dazu zu lesen: „Man hat die Maske als ein Element der Darstellung eines christlichen Heilsplans verstehen wollen, im weiten Rahmen der populären Vorstellung, nach der romanischer Baudekor den Kampf von Gut und Böse symbolisiere, als Verkörperung ‚jener dunklen Welt des Unglaubens […], über welche die christlichen Heilsbringer hinwegschreiten', oder aber sie individuell psychologisierend interpretiert."

Auch Prof. Dr. Bürger stützt sich auf Erklärungsmuster wie die „antike Tradition" und das Nachleben von „Naturgeistern" in der mittelalterlichen Frömmigkeit und Kultur, aber auch ihre apotropäische, also abwehrende Wirkung: Nach dem Grundsatz „Gleiches mit Gleichem" wurden finster dreinblickende Gesichter angebracht, bevorzugt in Richtung Norden und Westen, den Himmelsrichtungen des Dunklen und des Sonnenuntergangs. Sie hatten nach dem mittelalterlichen Verständnis die Aufgabe, Dämonen am Eindringen ins Haus zu hindern. Allerdings haben diese Masken, die heute noch oft an sakralen und profanen Gebäuden zu finden sind, nicht solch einen stillen, fast meditativen Gesichtsausdruck wie das Gesicht über dem Marienportal, sie wirken im Gegenteil folgerichtigerweise selbst wie Dämonen.

Es finden sich darüber hinaus Erklärungen, die den *Green Man* dem Keltischen zuordnen: Im Rheinischen Landesmuseum Bonn steht eine keltische Stele, die „Pfalzfelder Säule" in die ein von Mistelblättern umkränzter Kopf eingemeißelt ist. Der Kopf gilt als Träger der Kraft, die Mistel hat im keltischen Glauben eine große Heilwirkung und stärkt die Lebenskraft.

Prof. Dr. Stefan Bürger vor dem Nordwest-Portal der Marienkapelle.

Doch zurück nach Würzburg. Dort, sagt der Professor für Kunstgeschichte, könne die Maske am Marienportal auf jeden Fall als Lesehinweis für räumliche Tiefe und damit auch als Anzeichen für geistige Tiefgründigkeit gedeutet werden. Der Künstler spielt dabei mit der Sichtbarkeit und dem Verbergen, also mit Sehen und Nichtsehen, Erkenntnis und Blindheit, und baut durch eine solche Maske eine besondere Spannung zum Betrachter auf: „Sie zieht den Betrachtenden in ihren Bann und führt ihn weiter durch das Bild in tiefere Sphären."

Auch der Dichter Paul Celan ließ sich von einer Blattmaske faszinieren und schrieb in seinem Gedichtband *Atemwende*:

Halbzerfressener, maskengesichtiger Kragstein, / tief in der Augenschlitz Krypta: / Hinein, hinauf / ins Schädelinnre, / wo du den Himmel umbrichst, / wieder und wieder, in Furche und Windung / pflanzt er sein Bild, / das sich entwächst, entwächst.

Zusätzlich zu diesen tiefgründigen Bereichen gebe es noch einen pragmatischen und zugleich spielerischen Teil, bemerkt Bürger. „Wenn in der Kehle des Tympanons ein regelmäßiges Blattwerk ausgeführt wird, stellt der Scheitelpunkt, an dem zwei aufsteigende Ordnungen aufeinandertreffen, eine Konfliktsituation dar. Dort eine solche Maske hineinzusetzen, kann die Situation lösen."

„Häufig tauchen solche Formen erst auf, wenn ein Bauteil eingerüstet ist und intensiv untersucht wird."

Bürger spricht aus Erfahrung: „Als ich noch Maler in der Denkmalpflege war, hatte ich dies oft als Problem: Man beginnt irgendwo ein regelmäßiges Ornament und irgendwann kommt man an die Ecke, wo kein regelmäßiger Rapport mehr hinpasst: Dort muss man entscheiden, was man mit diesem Raum tun kann." Das sei einerseits eine besondere Herausforderung, andererseits aber auch eine gute Gelegenheit für etwas Besonderes.

Dem Bildhauer, der das Tympanon mit dem Gesicht einst schuf, ist das auf's Beste gelungen. Wenn man die Maske einmal entdeckt hat, kann man sich ihr nur schwer entziehen. Und dann schaut man und schaut und schaut – und wird tief in die Sphären des Portals hineingezogen.

So geht's zum Gesicht:

Es befindet sich an der Marienkapelle ganz oben im Spitzbogen des Portals auf der Nordwestseite (Turm). Die Marienkapelle steht am Marktplatz 7.

Die Pfeile in den Händen der Knaben weisen auf denjenigen hin, der hier bestattet ist. Der rechte Pfeil ist allerdings abgebrochen.

Pfeile
Zeugnis großer Bruderliebe

Wie oft hatte der Würzburger Kunsthistoriker Damian Dombrowski schon vor diesem wenig beachteten Grabmal gestanden? Wie genau hatte er es betrachtet, wie viele Worte hat er dazu geschrieben! Warum die beiden Knaben, die über der Inschrift sitzen und wie mittelalterliche Konsolfiguren das Wappen der Echter von Mespelbrunn tragen, ausgerechnet Pfeile in ihren Händen halten, das konnte sich der Direktor der Neueren Abteilung des Martin von Wagner Museums dennoch lange nicht erklären. „Eines Tages, nach einem Vortrag über das Grabmal, kam dann ein junger Kaplan auf mich zu, der zufällig den Vornamen Sebastian trug", erinnert sich Dombrowski: „Er kannte die Ikonographie seines Namensheiligen: Bei den Pfeilen – der rechte ist abgebrochen – handelt es sich um das Attribut des heiligen Sebastian!" Und damit sind sie ein Bildkommentar auf den, der hier bestattet liegt: Sebastian Echter (1546-1575), Bruder von Fürstbischof Julius Echter von Mespelbrunn (1545-1617). „Ich glaube, dass diese Pfeile kaum je bemerkt wurden", sagt Dombrowski. Das liegt daran, dass das Grabmal trotz der Nähe zum Hauptportal recht versteckt liegt, nämlich auf der Rückseite des ersten Pfeilers im Dom. „Dabei ist es ein solch herausragendes Werk, mit Sicherheit eines der schönsten Grabmäler, die Würzburg überhaupt zu bieten hat." Mit seiner Detailfülle, seinem reichen Bildprogramm, seiner ganzen Ausgestaltung kündet es von einer großen Liebe: der Liebe zwischen zwei Brüdern. „Denn dieses Grabmal", sagt Dombrowski, „hat Julius Echter für seinen Bruder in Auftrag gegeben. Der Fürstbischof hatte viele Geschwister, aber mit diesem Bruder hat er die engste Beziehung gehabt, man könnte auch sagen, dass Sebastian sein Lieblingsbruder gewesen sei. Die beiden haben sich zusammen mehrere Jahre im Ausland aufgehalten und gemeinsam studiert." 16 und 17 Jahre waren sie, als sie im Sommer 1561 nach Löwen in den Niederlanden reisten, wo sie zwei Jahre blieben und 1563 an die Universität von Douai wechselten, um anschließend in Paris weiterzustudieren. „Das ist ja eine ganz eigene Erfahrung, wenn zwei so junge Menschen gemeinsam in der Fremde sind – das stärkt eine Bindung untereinander natürlich sehr", berichtet der Professor für Kunstgeschichte an der Uni Würzburg.

Im Gegensatz zu seinem Bruder schlug Sebastian keine kirchliche, sondern eine weltliche Laufbahn ein und wurde Doktor beider Rechte. „Als er im Alter von 29 Jahren an einer Krankheit starb, war er wie sein Vater kurmainzischer Rat und Amtmann zu Orb und Hausen", sagt der Echter-Experte. Nach Sebastians Tod verfasste sein Bruder in tiefster Trauer ein Gedicht, das heute auf dem Grabmal zu lesen ist. „Diese Grabinschrift ist sehr ungewöhnlich, weil sie ungeheuer persönlich gehalten ist. Man denkt ja, Julius Echter sei ein ganz und gar rationaler Mensch gewesen, aber hier zeigt er sich als tief betroffener, tief verletzter Mensch. Das ist wirklich ein sehr persönliches Zeugnis seiner Bruderliebe", kommentiert Damian Dombrowski.

„Nachdem der bloße Sachverhalt, dass der Fürstbischof ‚carissimo fratri' das Denkmal gesetzt habe, abgehandelt ist, folgt auf diese kurze Eröffnung – die offizielle Schuldigkeit sozusagen – der viel längere zweite Teil in Form von zehn Distichen", beschreibt Dombrowski die Inschrift. „In ihnen geht es sehr persönlich zu, gipfelnd in dem Ausruf am Schluss: ‚O auf dass Du nur mit mir zugleich leben könntest, / möge doch meine eigene Lebensspanne halbiert werden'", übersetzt der Kunsthistoriker und charakterisiert von hier aus das Grabmal: „Der elegische Charakter der Inschrift scheint sich auf das ganze Erscheinungsbild des Bildwerks ausgewirkt zu haben. Der Ton ist nirgendwo auftrumpfend, eher schon wird das Grabmal Sebastian Echters von einer leisen Tragik umweht."

Der Verstorbene ist auf dem Grabmal zweimal zu sehen: einmal auf drei Büchern liegend und versonnen nach oben blickend. Dieses Motiv des Lagernden, der melancholisch sein Haupt aufstützt und nach oben blickt, kommt aus Italien. „Es taucht zum ersten Mal 1505 in der römischen Kirche Santa Maria del Popolo auf und hat sich dann rasant in Italien und auch darüber hinaus ausgebreitet." In Würzburg erscheint jenes Motiv an dieser Stelle zum ersten Mal überhaupt. Darunter ist Sebastian Echter ein zweites Mal dargestellt: als Verstorbener auf einem Leichentuch liegend, nackt bis auf ein Lendentuch, mit ausgeprägtem Bart.

Geschaffen hat das Grabmal der flämische Bildhauer Peter Osten aus Ypern. „Er war ein Neffe von Joris Robijn, der seit Herbst 1575 mit der Planung und Errichtung des Juliusspitals befasst war", erklärt Dombrowski. Osten wird zum ersten Mal am 25. Mai 1577 im Bauregister des Juliusspitals genannt, und diese Nennung bezieht sich auf eben jenes Epitaph für Sebastian Echter: „Peter der Bildhauer [ist] von Mainz mit Sebastiani Echters selgen Epitaphium kommen", heißt es dort. Aus dem Wortlaut könne man schließen, dass das Grabmal für Sebastian also der Grund seines Kommens war, sagt Dombrowski. „Der Bildhauer führte allerdings nicht das fertige Grabmal mit sich, das nur noch hätte aufgebaut werden müssen, sondern wohl nur eine Visierung. Aus den Quellen wissen wir nämlich, dass die Aufstellung erst im Juli 1578 erfolgte", erklärt der Kunsthistoriker. „Die im oberen Fries hervortretende Jahreszahl 1577 bezieht sich demnach auf die Auftragsvergabe. Als hätte Julius

Echter der Nachwelt beweisen wollen, wie früh er für die *memoria* des Bruders gesorgt habe!"

Dass der 1575 verstorbene Sebastian überhaupt an diesem Ort bestattet wurde, ist ungewöhnlich. „Das war eigentlich unmöglich, weil eine Bestattung im Dom Geistlichen vorbehalten war", sagt Dombrowski, „aber der Fürstbischof hat sich durchgesetzt." Er vermutet, dass Julius Echter nicht zuletzt deshalb für eine Bestattung seines Bruders im Dom kämpfte, weil er ihn auch nach dem Tod dicht bei sich haben wollte: „Julius konnte sich ausrechnen, dass sein eigenes Grabmal dereinst am dritten südlichen Pfeiler zu stehen kommen würde. Dort wurde es unmittelbar nach seinem Tod 1617 auch errichtet; erst nach dem Zweiten Weltkrieg gelangte es an seinen heutigen Platz am achten Pfeiler der Nordseite. 1517 aber schwang vielleicht dabei auch die Absicht mit, eine Art dynastischer Grablege zu begründen. Wichtiger war indessen, dass Julius den Bruder offenbar auch im Tode in seiner Nähe wünschte und deshalb als Begräbnisstätte Sebastians einen noch freien Platz wählte, der möglichst nahe bei seinem eigenen liegen würde."

Und so fanden die beiden Brüder, die einander so liebten, ihre letzte Ruhe nah beieinander im Dom. Im Leben zu früh getrennt, aber im Tod vereint.

So geht's zu den Pfeilen:

Das Grabmal für Sebastian Echter befindet sich im Dom am ersten Pfeiler auf der Südseite. Die Pfeile kann man unter dem Echter-Wappen, das das Grabmal bekrönt, ausmachen.

Das rätselhafte Zeichen an der Burkarder Kirche.

Steinmetzzeichen
Am Zahltag wurde abgerechnet

Das Zeichen sieht merkwürdig aus: wie ein Strichmännchen, das aber dort, wo der Kopf sitzen sollte, zwei weitere winkelförmige Striche – wie umgedrehte Beine – aufweist. Entdecken kann man dieses interessante runenartige Zeichen auf der Nordseite der Burkarder Kirche am zweiten Pfeiler. Derartiges findet sich häufig an alten Gebäuden: Es handelt sich dabei um sogenannte Steinmetzzeichen. Sie stammen aus Zeiten, als die Steine für Bauwerke noch mit Hammer und Meißel in Form gehauen wurden. Diese Zeichen waren die individuellen Signaturen der Steinmetze und dienten der Abrechnung: Ein Steinmetz stapelte die Quader, die er behauen hatte, und versah die obere Reihe mit seinem Zeichen. So konnte der Meister am Zahltag genau erkennen, welcher Stapel zu welchem Steinmetz gehörte, wie viele Stcine er gehauen hatte, und ihn nach Stück bezahlen.

Jeder Lehrling einer Bauhütte bekam nach seiner fünfjährigen Ausbildung ein solches Steinmetzzeichen, das er wohl selbst entwerfen durfte und das anschließend nicht mehr geändert werden konnte. Manche Quellen sagen, dass sich die Steinmetzzeichen einer Bauhütte allesamt ähnelten und voneinander abgeleitet wurden. Dadurch habe man erkennen können, wo ein Steinmetz – die Angehörigen dieses Berufsstandes gingen auf Wanderschaft – gelernt hatte.

„Bei schweren Verstößen gegen die Bruderschaft" habe das Steinmetzzeichen aufgehoben werden können, schreibt Alfred Schottner in einer Abhandlung über die mittelalterlichen Dombauhütten. Darin erklärt er auch: „Das Zeitalter der etwa von 1250-1500 andauernden ‚himmelsstürmenden Gotik' war zugleich die hohe Zeit der Steinmetzzeichen. An den aus jener Epoche noch vorhandenen Bauwerken sind sie zu Hunderten abzulesen, wobei die Stabform mit Abzweigen bzw. Ästen vorherrscht." Genau diese Art von Zeichen ist an der Burkarder Kirche zu finden. Und auch das passt zu dem Zeichen in Würzburg: „Sie sind keilförmig eingeschlagen und an den Enden prismatisch abgeschlossen." Übrigens: Wurde ein Steinmetz zum Meister, durfte er sein Zeichen in ein Wappen setzen – und wenn die Nachfahren ebenfalls Baumeister waren, übernahmen sie das Wappen meistens.

Sogar Buchstaben konnten als Steinmetzzeichen dienen, allerdings erst, nachdem die hohe Zeit der Steinmetzzeichen schon vorbei war.

Durch derartige Kennzeichnungen war es möglich, das Wirken einer Baumeisterfamilie über viele Jahrhunderte hinweg zu verfolgen, zumal diese sich oft stolz selbst ein Denkmal setzte, indem sie das Wappen deutlich sichtbar, zum Beispiel auf Schlusssteinen, anbrachte. Deshalb sind solche Wappen – und auch ganz einfache

Steinmetzzeichen – für die Erforschung von Bauwerken von großer Bedeutung. Das würde man der Einkerbung an der Burkarder Kirche gar nicht ansehen. Wer würde denken, welch große Geschichte hinter diesem kleinen Ding steckt?

Übrigens: Auch an der Residenz gibt es Steinmetzzeichen – allerdings ungewöhnlicher Art: Hier handelt es sich um einfache Buchstaben, ein *F* findet sich hier zum Beispiel, ein *S* oder auch ein *A*. Von runenartigen Einkerbungen ist hier nichts zu sehen. Kein Wunder: Als die Residenz erbaut wurde, war die hohe Zeit der Steinmetzzeichen ja längst vorbei. Dass sich die Handwerker doch verewigt haben – diesmal eben mit den Initialen – darf durchaus als ungewöhnlich bezeichnet werden.

„Das Zeitalter der etwa von 1250-1500 andauernden ‚himmelsstürmenden Gotik' war zugleich die hohe Zeit der Steinmetzzeichen."

So geht's zum Steinmetzzeichen:

Es befindet sich an der nördlichen Außenseite der Burkarder Kirche, von der Saalgasse aus betrachtet am zweiten Pfeiler. Die nördliche Außenseite lässt sich vom Parkplatz vor der Jugendherberge aus gut betrachten. Die Steinmetzzeichen an der Residenz finden sich an vielen Stellen: an den Pfeilern der Zäune, die den Residenzgarten begrenzen, am Hauptgebäude und an dem Teil, in dem die Balthasar Neumann Residenzgaststätten untergebracht sind.

Lateinische Inschrift
Flucht nach Würzburg

Qui quondam Saulus Pauli vestigia pressit steht auf dem Grabstein geschrieben. Selbst wenn man des Lateinischen nicht mächtig ist, mag man ahnen, dass der Mensch, der hier begraben ist, vom Saulus zum Paulus wurde. Zumindest begab er sich auf den Weg der Wandlung, denn die wörtliche Übersetzung lautet: „Der einstmal als Saulus die Spur des Paulus betrat." Wenn jemand vom Saulus zum Paulus wird, dann heißt das sinnbildlich, dass sich ein schlechter Mensch in einen guten verwandelt hat: Saulus verfolgte vor rund 2.000 Jahren die ersten Christen, brannte ihre Häuser nieder und zerstörte ihre Gemeinden. In seinem grauenhaften Tun wurde er der Bibel zufolge kurz vor Damaskus gestoppt, weil er durch einen Lichtblitz erblindete und in Damaskus nicht nur geheilt, sondern auch bekehrt wurde. „Aus Saulus wird Paulus, aus dem Büttel der römischen Herrschaft wird ein freier Christ", schreibt Carsten Splitt in der *Evangelischen Zeitung*. Wie kein Zweiter stehe Paulus „für die ganze Bandbreite menschlicher Existenz: für Schuld und Sühne, für Gnade und Erlösung, für Bekehrung und Zuversicht".

Dieser Wandel muss im Leben des Mannes, der hier begraben liegt, eine große Rolle gespielt haben, wenn es sogar auf seinem Grabstein geschrieben steht. Georg Friedrich Daumer (1800-1875), der übrigens der Ziehvater Kaspar Hausers (1812-1833) war, verbrachte sein Leben mit der Suche nach der richtigen, der wahren Religion. Er war einerseits tief religiös. Andererseits gab es Zeiten, in denen er das Christentum und sogar Jesus Christus scharf verurteilte, sich von ihm abwandte. Und am Ende seines Lebens wurde er Katholik.

Ja, wenn man sich eine Weile lang eingehend mit Georg Friedrich Daumer beschäftigt hat, begreift man, wie gut der Spruch auf dem Grab zu ihm passt und dass er davon kündet, welchem religi-

Torsten Schleicher hat sich mit der Inschrift des Grabsteins beschäftigt. Die Geschichte, die dahintersteckt, hat den Journalisten fasziniert.

ösen Wandel er sein Leben lang unterworfen war. Vor allem, weil eben nicht dort steht, dass er vom Saulus zum Paulus *wurde*. Sondern dass er als Saulus die Spur des Paulus lediglich *betreten* hat. „Das ist genau der Punkt, an dem man als Journalist hellhörig wird", sagt Torsten Schleicher, Leiter der *Main-Post*-Lokalredaktion Würzburg. „Mich haben in meiner journalistischen Arbeit immer wieder Menschen interessiert, die gesucht und auch gezweifelt haben. Spannend bei Daumer ist seine Auseinandersetzung mit der Religion. Das ist ein Thema, das an Aktualität wahrlich nichts eingebüßt hat."

Daumer, der 1817 sein Theologiestudium an der Universität Erlangen begann, befasste sich schon früh mit dem Christentum – „auf eine, um es vorsichtig zu formulieren, nicht ganz konventionelle Weise", wie Schleicher sagt. Er wurde Mitglied eines religiösen Studentenzirkels, den der Philosoph Ludwig Feuerbach (1804-1872) als „pietistische Mistpfütze" bezeichnete und dessen Mitglieder teilweise dem Wahnsinn anheimfielen – einer starb zum Beispiel an den Folgen der Selbstkastration, ein weiterer nahm sich das Leben und auch Daumer sehnte sich nach dem Tod: Neun Tage fastete er, um zu sterben, allein, es gelang nicht. Daumer sah dann auch ein, dass er vielleicht doch auf dem falschen Weg ist, brach das Studium ab, zog nach Leipzig und studierte dort fortan Philologie, er wurde Lehrer. „Als solcher hatte er – und hier ergibt sich ein erster, wenn auch zufälliger Bezug zu Saulus – ein Augenleiden, durch das sich auch ein Wandel vollzog: Er wurde nämlich 1830 Pensionär und spätestens jetzt setzte auch der erste Wandel religiöser Art ein", schildert der Redaktionsleiter. Noch ganz unter dem Eindruck der Erlangener Erlebnisse stehend, verfasste Daumer Schriften, in denen er mit dem Christentum – vor allem dem protestantisch-pietistischen – abrechnete.

Zuvor aber trat ein Mensch in sein Leben, dessen Ziehvater er wurde und der große Berühmtheit erlangen sollte: Kaspar Hauser. Nachdem der 16-Jährige in Nürnberg unter mysteriösen Umständen aufgefunden worden war, gab man ihn Daumer zur Pflege: Der Lehrer brachte ihm das Sprechen bei, förderte ihn musisch, machte aber auch esoterische und pädagogische Experimente mit dem Jungen. Und dann wurde Kaspar Hauser am 17. Oktober 1828 in Daumers Wohnung Opfer eines mysteriösen Attentats, weshalb man ihn hier nicht mehr sicher wähnte und zu einer Familie brachte. Retten konnte ihn das nicht, er starb im Alter von 21 Jahren – er sei erstochen worden, wurde immer wieder tradiert. Möglicherweise wegen seiner Herkunft, bei dem jungen Mann soll es sich um den Erbprinzen von Baden gehandelt haben.

Der 1812 geborene Sohn von Großherzog Karl (1786-1818) und Stéphanie Beauharnais (1789-1860) verstarb sehr früh, es gab Gerüchte, dass er von der konkurrierenden Linie entführt und gegen ein todkrankes Kind ausgetauscht worden sei, damit die Erbfolge auf diese Linie übergeht. Heute gilt diese These als eher unwahrscheinlich, und auch der Karlsruher Nervenarzt Günter Hesse, der zu Hauser ein Buch geschrieben hat, hält davon gar nichts. Seiner Ansicht nach war Kaspar Hauser mitnichten ein Erbprinz, sondern der an einer Hirn- und Hautkrankheit leidende Sohn eines Pfarrers aus Tirol, der ihn aufgrund seiner Krankheit fortschickte. Und er sei auch nicht ermordet worden, sondern habe sich selbst mit einem Dolch verletzt, weil er die Aufmerksamkeit auf sich lenken wollte, habe daraufhin aber einen Krampfanfall bekommen, der tödlich endete.

Welche Variante nun auch immer stimmt – „Daumer hat sich in seiner Zeit eigentlich wie ein guter Journalist verhalten", sagt Torsten Schleicher. „Die rätselhafte Geschichte seines Ziehsohns ließ ihn nicht los, er recherchierte sorgfältig und verfasste vier Werke über Hauser." Und noch ganz andere Bücher brachte der Lehrer heraus: Solche nämlich, in denen er eben mit dem Christentum abrechnet. Unter anderem tut er das in dem 1847 erschienenen Buch *Die Geheimnisse des christlichen Alterthums*. Er deutet das Wort von Jesus Christus „Lasset die Kindlein zu mir kommen" so, dass die Christen lange Zeit – über die Frühe Neuzeit hinaus – Kinderopfer dargebracht hätten. Valentin Veit schreibt im Jahr 1876 in der *Allgemeinen Deutschen Biographie*: „D.s sich ständig verschärfende Polemik gegen die protestantische Theologie weitete sich in den folgenden Jahren zur Bibelkritik aus." Und weiter: „Ausgehend von einer Untersuchung des altsemitischen Molochkultes glaubte er das Christentum tödlich zu treffen, indem er seine vermeintliche molochistische Wurzel aufdeckte. [...] Nun erschien ihm der Islam als die Vorstufe der von ihm ersehnten neuen Religion [...]."

Seinem Umfeld gefiel dieses Gebaren gar nicht. In einem Brief aus dem Jahr 1850 behauptet Daumer, dass „Karl Marx ihn von London aus für den allerelendesten Spießbürger und Nürnberger Philister" erklärte und den „Pfaffendaumer" mit der „modernen Maschine", das heißt „mit der Guilottine, bedrohte". Schleicher kommentiert: „In der Schärfe der Wortwahl zeigt sich der damals erst 32-jährige Marx hier als der scharfzüngige Journalist, der er ja zeitlebens auch war." Und Veit urteilt: „Als Religionsstifter mußte er scheitern. Von allen Seiten angefeindet und verhöhnt, war er der Verzweiflung nahe. Da begegnete ihm bei Ch. Nodier der rettende Gedanke, daß der Mensch nur ein Geschöpf des Übergangs sei. In der Einsamkeit des Kronberger Tals entwickelte er daraus im Sommer 1857 seine Eremitalphilosophie. Ihr Mittelpunkt ist die Idee des durch Gott neugeschaffenen höheren Menschen, den er in Erinnerung an Jean Paul den ‚Engel der Zukunft' nannte. Von hier aus vollzog sich seine Rückwendung zum Christentum: in Christus sah er ‚das Urbild der neuen Gattung.'"

Daumer trat 1859 im Mainzer Dom zum Katholizismus über. „Für seine Zeitgenossen kam das ausgesprochen überraschend", sagt Schleicher. Veit sieht Daumers Marienverehrung „die sehr früh aus seiner Naturreligion hervorgegangen war" als Ursache. Auch als Katholik schrieb Daumer. Er veröffentlichte Schriften, in denen er den Grund seiner Konversion zu erklären sucht. „Er nennt Verzweiflung über sich selbst, über die Menschen, die ihn umgeben, und über die Zeit, in der er lebt. Solche Motive, das eigene Leben zu ändern, gibt es unverändert auch heute. Für uns Journalisten sind sie einer der Stoffe, aus denen oft berührende Geschichten entstehen", erläutert der Lokalchef der *Main-Post*. „Die katholische Kirche hat sich vermutlich einerseits gefreut, dass er konvertierte, andererseits blieb sie aber auch skeptischer und distanzierter, als Daumer sich das wohl gewünscht hatte." Veit schreibt: „Der ersehnte Friede wurde jedoch auch dem Konvertirten nicht zuteil. Er mußte bald erkennen, daß er einer bittern Selbsttäuschung zum

Opfer gefallen war." Zwei Jahre nach seiner Konversion floh Daumer 1860 nach Würzburg, wo er mit offenen Armen empfangen wurde. Kurz vor seinem Umzug in die Stadt am Main schrieb er: „Im Herbst werde ich nach Würzburg übersiedeln. Ich muß mich ganz und gar in eine katholische Bevölkerung hinein verstecken, denn ich werde fortwährend scheußlich verfolgt. Ich soll durchaus vernichtet werden; diesem Gesindel aber zum Opfer zu fallen, habe ich keine Lust."

„Die verrätselte Inschrift auf Daumers Grabstein und seine Biografie zeigen, dass es sich immer lohnt, genau hinzuschauen. Hinter einem Satz kann ein ganzes Leben stecken."

Zum Opfer fiel Daumer letztendlich einem Schlaganfall. Er starb er im Dezember 1875 in einem Häuschen vor dem Pleichertor und wurde auf dem Hauptfriedhof beigesetzt, wo die Inschrift auf seinem Grabstein davon kündet, dass sein Wandel vom Saulus zum Paulus zumindest begonnen hatte.

„Die verrätselte Inschrift auf Daumers Grabstein und seine Biografie zeigen, dass es sich immer lohnt, genau hinzuschauen. Hinter einem Satz kann ein ganzes Leben stecken", bilanziert Torsten Schleicher. „Das gilt nicht nur für den Umgang mit historischen Begebenheiten, sondern ganz genauso für die Nachrichten unserer Zeit. Wer nur die Überschriften liest, wird sich nicht wirklich zurechtfinden und sich auch keine fundierte Meinung bilden können."

So geht's zur lateinischen Inschrift:

Sie befindet sich auf dem Grabstein Georg Friedrich Daumers. Dieser steht in der vierten Abteilung, bei Feld 2 an der östlichen Mauer des Hauptfriedhofs, Martin-Luther-Straße 20.

Wolf von Bodisco weiß, was es mit diesem Schlitz auf sich hat.

20
Schlitz
Wo das Abwasser verschwand

Es sieht ein wenig aus wie ein riesiger Schlitz in einem Sparschwein: Wer vom Kardinal-Döpfner-Platz aus am Haus Nummer 5 in das kleine Seitengässchen einbiegt, entdeckt, wenn er genau hinsieht, nach ein paar Metern eine lange, schmale Öffnung im Boden. Der Teerbelag der Straße ist an seinen Kanten etwas abgebröselt, sodass man erkennen kann, dass diese Öffnung durch zwei Steinplatten entsteht, die an den Enden kleine Verdickungen haben. Und sie sind so aufeinandergesetzt, dass Verdickung auf Verdickung sitzt und dazwischen ein Spalt entsteht. Was aber sollte man in einen solchen Schlitz stecken? „Etwas denkbar Unromantisches – Abwasser", sagt Wolf von Bodisco, der ein Faible für alles hat, was sich auf dem Boden befindet und merkwürdig aussieht – er sammelt zum Beispiel auch besondere Gullydeckel.

Bevor es in Würzburg eine Kanalisation gab, erzählt von Bodisco, habe es in der Stadt furchtbar gestunken: „Die Leute haben ihren Unrat auf der Straße entsorgt und auch Nachttöpfe wurden nach Gebrauch einfach aus dem Fenster gekippt." Was für Passanten denkbar unangenehm war, vor allem dann, wenn sie ohne Hut unterwegs waren. Doch nicht nur von oben, sondern auch von unten konnte die Angelegenheit äußerst unappetitlich sein: Damit die Füße nicht gar zu sehr mit den menschlichen Ausscheidungen und dem Abfall in Berührung kamen, verwendete man sogenannte „Holztrippen", das sind Überschuhe aus Holz, die über den Lederschuhen getragen wurden und somit die Schuhe sauber hielten.

Allerdings darf man sich das nicht so vorstellen, dass die Ausscheidungen immer auf den Straßen landeten – es gab in den Häusern auch Aborte, von denen aus die menschlichen Herrlichkeiten in Gruben fielen. Häufig befanden diese sich zwischen zwei Häusern, und nicht selten kam es zu Streit zwischen den Nachbarn hinsichtlich der Grubenreinigung. Das Ende der Abortgruben kam vermutlich um das Jahr 1820 – mit der dritten Bauperiode des Würzburger Kanalnetzes.

Stadtbaurat Scherpf hat sich in seinem 1867 erschienenen Werk *Die Kanalisirung der Stadt Würzburg* ausführlich mit der Kanalisation auseinandergesetzt und kommt zu dem Schluss, dass sich der Anfang des Kanalbaus zwar nicht genau feststellen lasse, man ihn aber in drei Bauzeiten unterteilen könne: In der ersten Bauzeit seien die Kanäle entstanden, mit denen die Klöster ihre Keller entwässerten. „Die erste Anlage dieser Kanäle erfolgte früher als die Wehranlagen der Mainmühlen […]. Die zweite Bauperiode fällt mit jener zusammen, in der die jetzt bestehende Stadtbefestigung angelegt wurde." Und die dritte Bauperiode gehöre „der neueren Zeit" an: „Vom Jahre 1820 an hat nämlich die städtische Verwaltung eine große Thätigkeit in der Ausführung der Kanäle entwickelt." Es sei für die Hauseigentümer eine „große Bequemlichkeit", die „durch die Beseitigung der Gruben-Reinigung eingetreten ist". Sie habe die Hausbesitzer ermutigt, „die Stadtverwaltung gegen Zahlung eines

Beitrages an die Stadtkasse um die Erlaubniß zur Abtrittsleitung in den nächstgelegenen Kanal anzugehen und diese wurde in der Regel auch gestattet". Weiter schrieb er 1867: „Die Stadt Würzburg ist in den meisten Straßen bereits kanalisirt. [...] Die städtischen Kanäle haben eine Gesammtlänge von 73915,5 Fuß, von diesen liegen im Mainviertel 5199,5 Fuß." Die Bachläufe der Kürnach und der Pleichach mit 9510 Fuß seien hier ebenso eingerechnet wie „die in der Stadt noch bestehenden offenen Gräben mit 500 Fuß [...] weil sie in gleicher Weise wie die übrigen Stadtkanäle benutzt werden".

Wolf von Bodisco fasst zusammen: „Selbst wenn der Bau des Abwassersystems für die Würzburger eine große Erleichterung bedeutete, heißt das nicht, dass die Stadt sofort geruchsfrei war. Die Abwässer flossen ja eben auch durch die Stadtbäche und Gräben und wurden schließlich in den Main geleitet."

Diese Zeiten sind lange schon vorbei. In rund 540 Kilometern Leitungen fließt das Abwasser der Würzburger heute unterirdisch zur Kläranlage. Denn all das, was Scherpf beschrieb und als „große Bequemlichkeit" empfand, reichte nach dem letzten Drittel des 19. Jahrhunderts in der ständig wachsenden Stadt nicht mehr aus. 1890 erhielt deshalb der Ingenieur William Lindley von der Stadt die Aufgabe, ein neues Kanalnetz zu planen und zu bauen. Das Mittel der Wahl war Klinkerstein: Rund 100 Kilometer dieser Kanäle sind noch erhalten.

Der Schlitz in der Seitengasse hat also endgültig ausgedient – zumindest fast: Immerhin hat er noch die wichtige Aufgabe, an Zeiten zu erinnern, in denen es mit dem Abwasser in Würzburg noch nicht ganz so komfortabel war.

....
So geht's zum Schlitz:

Am Kardinal Döpfner Platz in der Seitengasse neben dem Haus Nr. 5 ist der schmale Schnitz vor dem 4. Fenster im Souterrain zu sehen.

Dr. Hülya Düber ist schon oft in dieses Haus gegangen, das nach Agnes Sapper benannt ist. Die Sozialreferentin der Stadt Würzburg bringt der Schriftstellerin große Bewunderung entgegen.

Agnes-Sapper-Haus
Grenzen und ganz viel Liebe

Als Sozialreferentin Dr. Hülya Düber im Jahr 2015 Flüchtlingsunterkünfte suchte, stieß sie auf das Gebäude in der Friedensstraße 25. Dort waren bis dato Mütter untergebracht, die psychische Betreuung benötigten. Wegen Sanierung stand das Haus, das sich im Besitz der Evangelischen Kirche befindet, aber leer. „Ich habe es mir angesehen und fand es sehr geeignet", sagt Hülya Düber. „Und dann habe ich angefangen, mich mehr mit der Frau zu beschäftigen, nach der dieses Haus benannt ist – Agnes Sapper. Und war fasziniert: Meiner Auffassung nach war sie eine ganz mutige Frau, die, ermuntert durch ihren Mann, das Schreiben angefangen hat", sagt die Sozialreferentin und fährt fort: „Das finde ich deshalb so spannend, weil das ja in einer Zeit war, in der Frauen weder berufstätig waren noch sich aktiv in die Gesellschaft eingebracht haben. Sie waren ausschließlich Ehefrauen und

Mütter. Und das finde ich als berufstätige Frau und Mutter einen schönen Bezug."

Agnes Sapper (1852-1929), Tochter des Gründers der *Süddeutschen Zeitung* Karl Brater (1819-1869), musste schon früh großes Leid erfahren: Die in Würzburg aufgewachsene Agnes Brater heiratete den Blaubeurer Schultheiß Eduard Sapper und zog zu ihm nach Blaubeuren. Auf einer Reise zu ihrer Schwester nach Würzburg erkrankte ihr kleiner Sohn Hermann schwer. Hier wollte sie den Rat des besten Kinderarztes einholen. Doch es war vergebens: Hermann starb, sein kleiner Leichnam wurde auf dem Würzburger Friedhof beigesetzt. Und das Schicksal schlug noch ein zweites Mal zu: Nun war es ihr dritter Sohn Rudolf, den Gott zu sich holte. Agnes schrieb an ihre Schwester: „Meine Gedanken verweilen so viel bei dem kleinen Grab auf dem Würzburger Kirchhof, daß ich oft eine wahre Sehnsucht danach habe; wie ich denn überhaupt meinen kleinen Liebling immer schmerzlich vermisse." Auch die Geburt zweier Mädchen konnte sie nicht über ihren Verlust hinwegtrösten.

Ein Gebäude mit einer wechselhaften Geschichte: das Agnes-Sapper-Haus.

Und dann begann Agnes Sapper, ermuntert durch ihren Mann, zu schreiben. Zunächst war es ein Wettbewerb bei einer Zeitschrift, dann waren es Geschichten für ihre Tochter: Als Agnes Sappers Mutter Pauline Brater ihre Enkeltochter für einen langen Besuch nach Würzburg holte, schrieb Agnes ihrem Töchterchen. Keine Briefe, sondern Geschichten, die schließlich unter dem Titel *Lieschens Streiche* als Buch herauskamen.

Es sollten weitere Bücher folgen: Immer stehen Kinder im Mittelpunkt, die es nicht leicht haben, aber durch die Aufgaben wachsen, die das Leben an sie stellt. Der Würzburger Heimatforscher Willi Dürrnagel schreibt über ihr schriftstellerisches Werk: „Die Kinder aus Agnes Sappers Büchern sind keine Musterkinder. Ihr Schicksal ist nicht leicht. Doch wie sie ihre

Stärke aus der Überwindung von Schwierigkeiten gewinnen, das wird nicht mit pädagogisch erhobenem Zeigefinger geschildert, sondern mit ungezwungenem Humor, großer Wärme und Lebendigkeit."

Agnes Sapper hat Erfolg: Ihre Werke erreichen eine Gesamtauflage von mehr als zwei Millionen und werden in sechs Sprachen übersetzt. Das Geld, das sie verdient, widmet sie auch anderen: So spendet sie eine beträchtliche Summe an das Altenheim, das die Evangelisch Lutherische Kirche 1929 in der Friedensstraße 25 eröffnete – aus dem Honorar, das sie für *Familie Pfäffling*, ihr wohl bekanntestes Werk, erhalten hatte.

„Es gibt ja Leute, die sie sehr stark kritisiert haben, auch in der Literatur, weil sie eher die Autorität der Eltern gestärkt hat", sagt Hülya Düber. Sie meint zur Kritik an Agnes Sapper: „Ich muss sagen, ich sehe das etwas anders, weil es ja tatsächlich eher so ist, dass auf die Bedürfnisse der Kinder eingegangen wird und die Autorität der Eltern gestärkt wird. Und genau das machen wir ja heute auch." Der pädagogische Ansatz des Sozialreferats in den Familienstützpunkten sei immer, die Erziehungsfähigkeit der Eltern zu stärken, „und das bedeutet auch ein Stück weit Autorität". Denn Kinder, so Düber, bräuchten Halt, und den fänden sie in klaren Grenzen. „Halt und klare Grenzen, gepaart mit ganz viel Liebe: So werden Kinder glücklich."

Agnes Sapper, die berühmte Autorin, wäre ihrerseits sicher glücklich gewesen, wenn sie wüsste, dass nun eine Kindertagesstätte in einem nach ihr benannten Haus untergebracht wird.

So geht's zum Agnes-Sapper-Haus:

Das Gebäude steht in der Friedensstraße 25.

Pfarrer Gerhard Zellfelder ist stolz, dass die Deutschhauskirche die älteste Kirche Deutschlands mit Durchfahrt ist.

22

Durchfahrt

Straße unter der Kirche

Was hat die Durchfahrt unter der Deutschhauskirche mit zwei unterschiedlichen Fenstern innerhalb des Gotteshauses zu tun? Ganz einfach: Beide hängen mit einem Streit zusammen, der sich im 13. Jahrhundert ereignete. Und obendrein mit Rittern – den Deutschordensrittern. Die bekamen nämlich den Königshof auf dem Giersberg vom Würzburger Bischof Otto von Lobdeburg (gest. 1223) im November 1219 mit dem Ziel geschenkt, in Würzburg eine Kommende einzurichten. Weitere Schenkungen von Bischöfen stärkten die finanzielle Grundlage des Ordens. Spätestens 1231 wurde der Deutschhausorden zur Kommende.

„Die Ritter haben dann dort etliche Jahrzehnte gelebt und für ihre Gottesdienste die Kapelle im Turm genutzt, aber irgendwann wurde das zu klein und der Wunsch nach einer eigenen Kirche entstand. Das war um das Jahr 1275", erläutert der Pfarrer der Deutschhauskirche, Gerhard Zellfelder, die Zusammenhänge. Die Mitglieder der Kommende taten viel, um ihr Ziel zu erreichen, und sie wurden gefördert: Wer für den Bau der Kirche Geld oder Arbeitsstunden zur Verfügung stellte, bekam einen Ablass. Doch so viele Ablässe man auch erteilt haben mag, ein Problem ließ sich nicht einfach lösen: „Die Ordensbrüder hatten noch keine Baugenehmigung, und die war auch damals schon nötig", weiß Gerhard Zellfelder. Dort, wo heute das kleine Sträßchen unter dem Bogen durchführt, habe es schon vor rund 1.000 Jahren einen Weg gegeben, auf dem die Mönche des benachbarten Schottenklosters in die Stadt gelangen konnten. „Als dieser Weg nun durch den Kirchenbau abgeschnitten werden sollte, gab es massiven Widerstand durch die Mönche des Schottenklosters, die natürlich nicht wollten, dass ihnen der Zugang verbaut wird."

Der Magistrat der Stadt Würzburg, der das Bau- und Straßenrecht innehatte, stellte sich auf die Seite der Mönche des Schottenklosters und verbot den Bau der Straße. Und die Bürger der Stadt waren ohnehin nicht unbedingt gut auf den Deutschhausorden zu sprechen: Die Tatsache, dass Kaiser Friedrich II. (1194-1250) alle Deutschordenshäuser von der Steuerpflicht befreit hatte, hatte den Neid und die Missgunst der Würzburger erweckt. Diese brach sich zum Beispiel auch in zwei Brandanschlägen in den Jahren 1254 und 1265 Bahn.

Die Deutschordensritter baten im Streit um den Kirchenbau ihrerseits um Hilfe – bei keinem Geringeren als König Rudolf von Habsburg (1218-1291): „1289 darum vom Orden ersucht, erteilte der König seinerseits die Bauerlaubnis. Auf die Opposition verschiedener Würzburger Klöster und Stifte reagierte der König 1290 in ultimativer Form", schreibt Hans-Peter Trenschel in einem Aufsatz über die Kirche. „Doch die Stadt Würzburg hatte das Wegerecht, das war gültig, und auch der deutsche König konnte sich nicht einfach darüber hinwegsetzen", schildert Pfarrer Zellfelder die Problematik.

Während der Zeit der Auseinandersetzungen herrschte ein Baustopp von 15 bis 20 Jahren. Und dieser Baustopp hat seine kleinen, aber feinen Spuren hinterlassen. „Sehen Sie hier", sagt Pfarrer Zellfelder und deutet etwa in der Mitte des Langhauses auf zwei der Fenster. „Am einen sehen Sie an den Umrandungen noch reichere Verzierungen als am anderen. Die Fenster, die sich näher am Chor befinden, weisen alle mehr Schmuck auf. Nach dem Baustopp hat man in reduzierterer Form weitergemacht."

Und wie kam es, dass der Baustopp trotz der verfahrenen Situation aufgehoben wurde und man weiterbauen konnte? „Irgendwann haben alle am Streit Beteiligten diese Betonhaltung, den anderen in die Knie zwingen zu wollen, aufgegeben und sich an den runden Tisch gesetzt", bringt es Zellfelder auf den Punkt. „Man ist kreativ geworden und hat 1296 einen Kompromiss gefunden."

Und auch diesen Kompromiss kann man heute noch sehen – hier schließt sich sozusagen der Kreis in dieser Geschichte: Das Konventgebäude und die Kirche wurden mit einem Schwibbogen verbunden. „So konnte der Weg zum Schottenkloster unter dem Bogen weiterführen", beschreibt Gerhard Zellfelder die architektonische Umsetzung der Einigung und ist schon ein bisschen stolz auf diese Besonderheit an „seiner" Kirche: „Ein Sträßchen, das unter einer Kirche durchführt, gibt es in Deutschland nur drei Mal: Hier, dann 200 Jahre später an der Burkarder Kirche und schließlich nochmal in Rothenburg ob der Tauber, die aber nach dem Vorbild der Deutschhauskirche gebaut worden ist. Das ist schon etwas ganz Besonderes."

....

So geht's zur Durchfahrt:

Sie befindet sich zwischen dem romanischen Kirchturm und der Westseite der Deutschhauskirche. Den Unterschied an den Fenstern sieht man im Innenraum der Kirche auf der Südseite.

In diesem weißen Terrassenhaus hinter Stadtheimatpfleger Dr. Hans Steidle wohnte einst der erste moderne Galerist der Stadt, der das Gebäude auch errichtete.

Terrassenhaus

23

Würzburgs erster moderner Galerist

Diese Geschichte beginnt nicht in Würzburg, sondern in Tanger in Marokko. Dort wurde nämlich im Jahre 1845 Josef Laredo – ein Jude sefardischer Herkunft – geboren, der sich rund 30 Jahre später in Würzburg niederließ. Sein Sohn baute Würzburgs erstes Terrassenhaus und war im Grunde genommen der erste moderne Galerist der Stadt.

Doch widmen wir uns zunächst noch eine Weile seinem Vater. „Der reiste, nachdem er nach Deutschland gekommen war, mit seinem türkischen Basar zu Messen und Jahrmärkten. Und als ihm das zu viel wurde, gründete er ein Geschäft – einen Galanteriewaren-Laden", erzählt Würzburgs Stadtheimatpfleger Dr. Hans Steidle. Laredo nannte seinen Laden „Kaiserbasar", weil er sich in der Kaiserstraße 5 und 7 befand. Diese damals sehr junge Straße verband den Hauptbahnhof mit der Altstadt und wurde im Laufe der Jahre zu einer der gefragtesten Einkaufs- und Wohnstraßen. „*Galant* heißt eigentlich ja *für die Liebesbeziehung*", geht Steidle auf die Namensgebung ein, wiegelt aber gleich ab: „Nun, es war kein Liebesgeschäft. Laredo verkaufte Haushaltsartikel, Beleuchtungskörper, Neuheiten, Geschenke, die Frau von Stand ging hier gerne bummeln."

Neben drei Töchtern hatte Josef auch einen Sohn, Oskar, der nach der Schule eine Ausbildung bei seinem Vater und dann in den europäischen Metropolen Berlin, London und Paris machte und schließlich in Bad Kissingen ein eigenes Geschäft eröffnete. In seiner Freizeit befasste er sich mit dem Studium der jüdischen Religion. 1906 heiratete er Else Markus aus dem Hessischen und übernahm im Jahr 1907, nach dem Tod seines Vaters, das Würzburger Geschäft. Der Laden lief gut, er war anerkannt und wurde 1912 sogar mit dem Titel eines bayerischen Hoflieferanten ausgezeichnet – was allerdings zu jener Zeit nicht ganz selten war, weil die bayerische Monarchie mit der Verleihung dieses Titels ihre Beliebtheit in der Bevölkerung vergrößerte.

„1914 war Oskar Laredo – wie viele deutsche Juden – patriotisch eingestellt und glaubte, er müsse dem Vaterland dienen."

„1914 war Oskar Laredo – wie viele deutsche Juden – patriotisch eingestellt und glaubte, er müsse dem Vaterland dienen", erzählt Hans Steidle weiter. 1916 musste er im Ersten Weltkrieg ins Feld, 1918 wurde er als Offiziersanwärter mit dem Eisernen Kreuz zweiter Klasse aus dem Kriegsdienst entlassen. 1919, als die Spartakus-Revolution auch in Würzburg drei Tage lang für Unruhe sorgte, engagierte Oskar Laredo sich in der Einwohnerwehr und zeigte somit seine republikanische Gesinnung, „denn diese Einwohnerwehr war am Anfang noch nicht rechtsnational, sondern eher pro-republikanisch", wie Steidle erklärt.

Laredo eröffnete eine Galerie und erweiterte sein Angebot um Kunstprodukte. „Er brachte die Malerei und Graphik des Impressionismus, des Expressionismus und der neuen Sachlichkeit nach

Würzburg. Damit hatte er etwas, das in Würzburg zu dieser Zeit niemand anderes machte", würdigt Steidle Laredos Progressivität. „Es gab noch keine städtische Galerie, in der man zeitgenössische oder auch regionale oder lokale Kunst hätte betrachten können." Im Grunde war Laredo also Würzburgs erster moderner Galerist. Er begleitete die Ausstellungen auch mit Vorträgen und Vortragszyklen, für die er Kunsthistoriker engagierte oder die er selbst hielt.

„Allerdings war der Erfolg in der Kulturwelt begrenzt, denn die Mehrheit der Würzburger war katholisch und konservativ und konnte mit dieser ausdrucksstarken, nicht sehr gegenständlichen Kunst nicht allzu viel anfangen", schildert Steidle die damaligen Verhältnisse.

Auf Ablehnung stieß auch das Wohnhaus, das Oskar Laredo für sich und seine Familie baute – eben jenes erste Terrassenhaus, das Hans Steidle so faszinierend findet. Laredo setzte sich mit dem jungen Architekten Peter Feile (1889-1972) zusammen, der mit seiner ersten Planung für ein kubisches Haus auf heftige Abwehr in Würzburg gestoßen war. Mit ihm zusammen plante Laredo in der Keesburgstraße das erste Flachdachterrassenhaus im internationalen Stil der Neuen Sachlichkeit. „Das war ein Haus, das

„Er brachte die Malerei und Graphik des Impressionismus, des Expressionismus und der neuen Sachlichkeit nach Würzburg."

zunächst umstritten war. Aber weil der damalige Würzburger Bürgermeister Hans Löffler in derselben Straße schräg gegenüber wohnte und den Bau befürwortete und das Haus ja außerdem nicht im Zentrum lag, wo es den traditionellen Geschmack hätte stören können, wurde es doch sehr bald akzeptiert", berichtet Steidle. „Zwei Tage lang durften die Würzburger sich das Gebäude nach seiner Fertigstellung ganz genau von außen und innen anschauen und fanden es recht trefflich eingerichtet. Die eine Hälfte bewohnte Oskar Laredo, die andere Hälfte der Architekt."

Peter Feile plante zu jener Zeit weitere ähnliche Gebäude, eine kleine Siedlung sollte es werden. Daraus wurde allerdings nichts, weil sich 1933 sowohl das Regierungssystem als auch der herrschende Geschmack wesentlich änderte. Damit brachen auch für Oskar Laredo bittere Zeiten an.

„1933 bekam er Schwierigkeiten wegen seiner Schwester Herta Kronheim, die Kommunistin in Berlin war. Man warf ihm vor, sie zu unterstützen. Im Januar 1935 gab es Ärger, weil er dem nationalsozialistischen Winterhilfswerk einen Kaffeelöffel gespendet hatte", zählt Steidle auf. „Das galt als Beleidigung des arischen Geistes und der arischen Solidarität, weshalb man ihn festnahm und ihm eine Strafe von 500 Reichsmark aufbürdete."

Anschließend durfte er sein Geschäft zwar weiterführen, doch der nächste Ärger wartete schon: Im Februar 1935 wurden Ausstellungsbilder beschlagnahmt. Der berühmte jüdische Maler Max Liebermann (1847-1935) war gestorben und Laredo stellte ihm zu Ehren ein Bild ins Schaufenster. Und daneben platzierte er ein weiteres des ebenfalls jüdischen Albert Einstein (1879-1955). „Das war für einen Hausbewohner der Anlass, ihn anzuzeigen. Die Bilder mussten aus dem Schaufenster genommen werden. Sie wurden beschlagnahmt und Oskar Laredo erhielt sie nicht zurück. Doch damit", sagt Hans Steidle, „hatten die Schwierigkeiten erst begonnen." Aus wirtschaftlichen Gründen musste er Personal einsparen und wurde festgenommen, weil er seiner Fürsorgepflicht für arisches Personal nicht nachkomme, so der Vorwurf. Im Juli 1935 verkaufte Oskar Laredo sein Geschäft, weil er merkte, dass die Lage aussichtslos geworden war.

Als es gebaut wurde, sorgte dieses Haus für einige Aufregung.

„Es ist symptomatisch, dass jemand wie Oskar Laredo von der NSDAP besonders stark angegriffen wurde, weil er ja eigentlich als Geschäftsmann einen sehr guten Namen in Würzburg hatte. Er war sozusagen ein Gesicht dieser jüdischen Gemeinde", erklärt Steidle. Ein halbes Jahr später wurde Laredo wegen der Verbreitung von „Gräuel-Nachrichten" angezeigt und verhaftet. „Angeblich sollte er an seine Söhne verschlüsselte Briefe geschrieben haben, denen er von Konflikten, Problemen und Verfolgung durch das nationalsozialistische Regime berichtet hatte. Das war natürlich pure Willkür. Er wurde in Untersuchungshaft genommen und dann am 23. März ins Konzentrationslager Dachau eingeliefert, ohne einen Verhaftungsbefehl, ohne einen Beweis. Das nannte man Schutzhaft."

„Er wurde in Untersuchungshaft genommen und dann am 23. März ins Konzentrationslager Dachau eingeliefert, ohne einen Verhaftungsbefehl, ohne einen Beweis. Das nannte man Schutzhaft."

Als man Oskar Laredo ein Jahr später entließ, geschah das unter der Auflage, dass er sofort in die USA zu emigrieren habe. Laredo verließ Würzburg und verbrachte in Amerika noch viele Jahre: 1966 starb er recht hoch betagt in New York.
„In Würzburg erinnert heute der nach ihm benannte Platz vor dem Museum im Kulturspeicher an ihn", sagt Steidle. „Damit wird er geehrt, weil er, wenn man so will, der modernen Kunst in Würzburg erstmals einen wichtigen Platz einräumen wollte." Am ehesten, findet der Stadtheimatpfleger, könne man seinem Geist aber an dem von ihm gebauten Terrassenhaus in der Keesburgstraße nachspüren.

So geht's zum Terrassenhaus:

Es steht in der Keesburgstraße 29.

Im Ursulinenkloster befand sich im 19. Jahrhundert die Wohnung der Schiller-Tochter Emilie von Gleichen-Rußwurm.

24

Ursulinenkloster
Wo Schillers jüngste Tochter lebte

Emilie von Gleichen-Rußwurm (1804-1872) sah ihrem Vater sehr ähnlich. Als sie 1872 starb, schrieb Ernst Ziel in einer Art Nachruf: „In diesem ruhig und tief blickenden Auge lebt etwas vom milden Ernste Schiller's, während der gekniffene Mund und das markirte Kinn Zeugniß dafür ablegen, daß die ausharrende Energie des Vaters nicht zu den geringsten Vermächtnissen gehörte, welche er der Tochter hinterließ […]. Emilie lebte nur in ihrem Vater; denn der Gedanke der Propaganda für die geistige Saat, die er ausgestreut, war der Gedanke ihres Lebens."

Edeltraud Linkesch hat sich schon viel mit Schillers jüngster Tochter beschäftigt. Dass diese aber mit ihrem Sohn und ihrem Mann in Würzburg lebte – in dem Haus, in dem das Ursulinenkloster beheimatet ist und in dem damals die Einhorn-Apotheke untergebracht war –, überraschte auch sie. „Als ich das herausgefunden habe, war ich wirklich begeistert", sagt die Würzburgerin. „Sie hat ihren Vater und dessen dichterisches Werk sehr verehrt und sich auch intensiv um die Aufarbeitung gekümmert."

Allein: Wirklich kennengelernt hat Emilie ihren Vater nicht, denn als sie nicht einmal ein Jahr alt war, starb Friedrich Schiller (1759-1805). Mutter Charlotte (1766-1826) zog Emilie und ihre drei älteren Geschwister, die damals 6, 9 und 12 Jahre alt waren, in Weimar alleine auf. Ernst Ziel schreibt dazu: „Als Emilie in's Leben trat – es war am 25. Juli 1804 in Jena – waren die Tage Schiller's bereits gezählt, und als er für immer die Augen schloß, hatte sie den zehnten Monat noch nicht zurückgelegt. So konnte das Bild des verewigten Vaters kraft eigener Anschauung nicht in ihr leben, aber mit hingebender Pietät pflegte die zartsinnige Mutter, Charlotte von Schiller, in dem Kinde das Andenken Schiller's. Sie, die in dem Geiste des großen Gatten so ganz aufgegangen war, erzog die Tochter unter den unmittelbaren Nachwirkungen seines Schaffens und im Sinne der von ihm gehegten und verfochtenen Ideale."

> *„Sie hat ihren Vater und dessen dichterisches Werk sehr verehrt und sich auch intensiv um die Aufarbeitung gekümmert."*

Doch am 9. Juli 1826 starb auch Charlotte von Schiller. „Emilie zog zu ihrer Tante Karoline von Wolzogen", berichtet Edeltraud Linkesch. „Ihre Tante war sehr liebevoll und hochgebildet und der jungen Emilie eine große Stütze in der schweren Zeit." Anschließend weilte die junge Frau im Winter 1827/1828 in Berlin und war teilweise bei Wilhelm von Humboldt (1767-1835), teilweise beim Geheimen Rat Rußwurm zu Gast. Hier lernte Emilie Schiller „die große Welt und das vornehme Leben der Salons" kennen, wie Ziel schreibt, vor allem aber begegnete ihr die Liebe – in Gestalt des bayerischen Kammerherrn Adalbert von Gleichen-Rußwurm. „Im darauffolgenden Sommer heiratete das Paar und sie wurden sehr glücklich", führt Edeltraud Linkesch Emilies Biographie weiter aus. Schiller selig hätte sich sicherlich über die Verbindung gefreut, denn den Auserwählten seiner Tochter hatte er 25 Jahre zuvor über das Taufbecken gehalten: Adalbert von Gleichen-Rußwurm war Schillers Patenkind. An die Eltern des Täuflings hatte der Dichter damals geschrieben: „Mein Herz ist Ihnen Beiden mit der redlichsten Freundschaft ergeben; urtheilen Sie daraus, wie innig es mich gefreuet, daß Sie mich durch ein neues und so liebes Band an sich knüpfen wollen! Möchte ich es erleben, Ihrem Sohne einmal etwas zu sein und den Namen seines Pathen wirklich zu verdienen!" Ziel ist sich sicher: „Wie glücklich wäre Schiller gewesen im Anschauen der mit allen inneren und äußeren Gütern des Lebens gesegneten Ehe seiner Tochter und seines Pathenkindes!"

Das Paar, erzählt Edeltraud Linkesch, habe auf Schloss Greifenstein bei Bonnland gelebt. „Doch im Winter war es in dem romantischen Renaissanceschloss unerträglich kalt. Deshalb verbrachte die Familie die Wintermonate erst in Meiningen, dann in Würzburg." Zwei Kinder hatte Emilie von Gleichen-Rußwurm inzwischen zur Welt gebracht, ihre 1833 geborene Tochter aber wieder verloren. „Das war für sie natürlich ein unglaublicher Schmerz", kommentiert Edeltraud Linkesch. Und Ziel schreibt: „Hohe Mutterfreude wurde ihr dagegen zu Theil, als ihr der 25. October 1839 einen Sohn schenkte, den noch heute lebenden talentvollen Maler Heinrich Ludwig von Gleichen." Ludwig war zwölf, als die Familie nach Würzburg kam. „Von hier aus hatte er es auch nicht weit zum Gymnasium", sagt Edeltraud Linkesch. Der Schiller-Enkel besuchte das ehemalige Alte Gymnasium, das heutige Wirsberg-Gymnasium.

In Würzburg musste Emilie eine leidvolle Erfahrung machen: Ihre Schwester Caroline starb, als sie gerade zu einem Besuch bei

Edeltraud Linkesch war fasziniert, als sie herausfand, dass hier Schillers jüngste Tochter lebte.

ihr weilte. Und es blieb nicht bei dem einen Schicksalsschlag: „Hart traf sie ferner das Geschick, als 1865 die Gattin ihres damals erst seit sechs Jahren vermählten Sohnes, Elisabeth, geborene Freiin von Thienen-Adlerflycht, im Wochenbette starb", schreibt Ziel. In den Folgejahren bis zu ihrem Tod pflegte sie ihr Enkelkind aufopferungsvoll und nahm die Mutterrolle ein.

Emilie von Gleichen-Rußwurm starb nach fünftägigem Leiden an einer Lungenentzündung. Mit ihr ging das letzte Kind Schillers dahin. Ziel schreibt 1874: „Das unmittelbare Blut des großen Mannes wandelt nicht mehr unter uns […]. Unsterblich aber sind die sich ewig erneuernden Ernten, die aus dem Samen seines geistigen Schaffens aufgehen; denn diesen hat der Fittig der Cultur über alle Welt ausgestreut, und das Tiefste und Zarteste, was wir empfinden, das Schönste und Erhabenste, was wir denken, das Edelste und Mannhafteste, was wir thun – es hängt, oft uns unbewußt, zusammen mit unserm Schiller. In diesem Sinne ist er unser Aller Erzieher und Vater geworden; in diesem Sinne sind wir Alle seine Schüler, seine Söhne."

„Doch im Winter war es in dem romantischen Renaissanceschloss unerträglich kalt. Deshalb verbrachte die Familie die Wintermonate erst in Meiningen, dann in Würzburg."

So geht's zum Ursulinenkloster:

Der Schulteil des Klosters, in dem Emilie von Gleichen-Rußwurm lebte, steht in der Augustinerstraße 17.

Armin Lewetz vor dem Brunnenhaus der Bahnhofsquelle.

25

Bahnhofsquelle
Als das Wasser zu sprudeln begann

Das kleine Gebäude sieht merkwürdig aus. Unzählige Menschen gehen täglich daran vorbei, aber kaum jemand bemerkt es. Das liegt zum einen daran, dass es nicht sonderlich aufregend wirkt, und zum anderen, dass es ziemlich versteckt unter hohen Bäumen sein Dasein fristet. Wobei der Begriff „sein Dasein fristen" dem Gebäude nicht gerecht wird, schließlich ist in seinem Inneren jede Menge los und es ist von enormer Wichtigkeit für die Würzburger. Wer könnte das besser wissen als Armin Lewetz, der Geschäftsführer der Trinkwasserversorgung Würzburg GmbH (TWV)! „In diesem sockelartigen

Gebäude befindet sich die Bahnhofsquelle", sagt er und fährt fort: „Es begann 1733, als beim Festungsbau die Quelle A entdeckt wurde. Baumeister Balthasar Neumann ließ sie mit der Quelle B zusammenschließen, die schon Fürstbischof Julius Echter von Mespelbrunn um 1600 im Ringpark hatte fassen lassen."
Über ein hölzernes Rohrleitungssystem floss das Wasser dann in die Stadt. „Ziel war, die neu gebaute Residenz, aber auch einige öffentliche Brunnen mit Wasser zu versorgen", erklärt Lewetz. Der bekannteste dieser Brunnen ist der Vierröhrenbrunnen vor dem Rathaus. „Er wird von so vielen Menschen bewundert und fotografiert, aber die wenigsten wissen, dass er seit über 300 Jahren von der immer gleichen Quelle gespeist wird", ist der TWV-Geschäftsführer überzeugt.

„Ziel war, die neu gebaute Residenz, aber auch einige öffentliche Brunnen mit Wasser zu versorgen."

Doch der Weg zum sprudelnden Brunnen war lang: 1730 hatte Balthasar Neumann dem „prachtliebenden Fürstbischof Friedrich Carl", wie der Publizist Werner Dettelbacher ihn in einer Veröffentlichung von 1980 nannte, erzählt, dass es die Möglichkeit gebe, Wasser vom Steinbruch am Faulenberg in die Altstadt zu leiten. Bei der Neujahrsaudienz am 1. Januar 1733 verkündete der Fürstbischof das Vorhaben, eine Quellwasserleitung in die Altstadt zu legen. Am 3. Februar schlug der Oberrat Plätze vor, an denen man Röhrenbrunnen errichten könne. Am 10. Februar legte Neumann dem Fürstbischof seine Pläne erfolgreich zur Genehmigung vor und machte sich sogleich ans Werk, die besonders starke Quelle, eben jene auch als Quelle A bekannte Bahnhofsquelle, zu fassen. Sie war „bislang nutzlos in den Graben vor der Bastion 15 gelaufen", wie bei Dettelbacher nachzulesen ist. Neumann führte sie „in einem Kanal längs der äußeren Grabenwand bis nahe an den einspringenden Winkel der Bastion […]. In einem steinernen Querdamm wurde das Wasser über den abfallenden Graben und durch die steinerne Bastion gelenkt. Hinter der Mauer richtete Neumann ein Pumpwerk mit vier Stiefeln [Zylindern] ein, das bei einem Gefälle von 3,5 Metern von zwei großen oberschlächtigen Wasserrädern betrieben wurde", schreibt Dettelbacher weiter. Und: „Während etwa Dreiviertel des zufließenden Wassers zur Kraftgewinnung benötigt wurden, kam der Rest in einen Wasserturm, der auf dem Wall stand. Er war 21 Meter hoch und stand nahe beim Teufelstor. Heute würde er, hätte man ihn nicht 1865 abgebrochen, mitten im ‚Kaisergärtchen' zwischen Bahnhofs- und Kaiserstraße stehen. Untergebracht waren zwei Hochbehälter, von denen der obere ein Drittel der Wassermenge für Bedürfnisse der Residenz, der untere zwei Drittel für die Stadtbrunnen speicherte."

Die erste Leitung sei zu einem Brunnen am Juliusspital gelegt worden, „wo Neumann zunächst provisorisch neun Röhren an einen Pfahl bindet", schreibt Dettelbacher. „Als das Wasser nicht sogleich hervorsprudelt, weil erst die Luft aus den unter der Erde verlegten hölzernen Rohren weichen muß, zieht man über den abwesenden Neumann her, ist aber hoch zufrieden, als das Wasser schließlich läuft und bestaunt den Brunnen gebührend." Und begeistert ist das Publikum natürlich auch, als der Brunnen vor dem Rathaus, der Vierröhrenbrunnen, zu „springen" beginnt. Endlich muss man nun nicht mehr mühsam Grundwasser schöpfen!

Der Fürstbischof kann dem freudigen Ereignis nicht beiwohnen, er weilt in Wien, wo ihm aber von der Begeisterung der Bürger berichtet wird: „Einige stehen mit Krügen, Einige mit Gläser andere mit bütten da, das wasser zu hohlen, Einer drinckhet auß der Röhren, der andere haltet den hutt auf und thun nicht anderst, als laufete wein heraus."

Der begeisterte Fürstbischof verspricht: „Daß unsere getreue bürgerschafft am denen Von uns gnädigst angeordneten springbrunnen eines beständigen und lebendigen gesunden wassers große freud bezeuget hat, also werden Wir auch fernerhin nichts unterlassen, was zu aufnahm [Förderung] des gemeinen Stattweesens gereichig ist."

Trotz des vollmundigen Versprechens des Fürstbischofs ruhte der Ausbau der Wasserversorgung anschließend für eine lange Zeit, der Großteil der Bürger musste nach wie vor Wasser aus eigenen oder öffentlichen Brunnen schöpfen. Anfang des 19. Jahrhunderts gab es in der Stadt 634 private Brunnen sowie 30 öffentliche Pump-

und zwölf Ziehbrunnen. Dettelbacher findet es merkwürdig, dass der Ausbau der Wasserversorgung so lange brach lag: „Doch es ist verwunderlich, daß auch nach 1835, als die ersten Eisenbahnlinien gebaut und die Dampfschifffahrt auf dem Main die Stadt dem Handel öffnete, der Bürger der Biedermeierzeit, aufgeschlossen für Musik und Theater, feinen Speisen und Getränken und einem behaglichen Wohnkomfort zugetan, sich noch wie eh und je das Trink- und Brauchwasser am Brunnen holen ließ", meint er und fährt fort: „Zwar herrschte bis in die Eisenbahnzeit ein Überangebot an Dienstkräften, vor allem an ‚Mädchen vom Lande' in Würzburg, gab man die ‚große Wäsche' oft in die Wäschereien ab, doch war die Wasserbeschaffung schon zeitraubend und lästig für die Familien, die sich keine Hilfskräfte leisten oder Kinder zum Brunnen schicken konnten."

Versteckt gelegen und doch so wichtig: die Bahnhofsquelle.

Erst nach dem Großen Brand von Hamburg im Jahr 1842 sei das Umdenken gekommen. Allüberall wurden nun Leitungen gebaut, die die Bevölkerung nicht nur mit Trink- sondern auch mit Löschwasser versorgen sollten. „Da damals technische Neuerungen von den Zeitgenossen ebenso ausgiebig besichtigt wurden wie die Naturschönheiten und Kunstschätze Italiens und Griechenlands, so kamen bald begeisterte Berichte auch nach Würzburg, wo man, genau genommen, seit 1733, nichts mehr investiert hatte", beschreibt Dettelbacher die Wahrnehmung des Mangels. Und es bestand ohnehin dringender Handlungsbedarf: Immer weniger Wasser floss durch Neumanns Bleileitung, aber immer mehr Bürger verlangten durch den Bevölkerungszuwachs danach. Die Schlangen an den Brunnen wurden länger, die Stimmung schlechter.

Nach langen Überlegungen erließ der 1. Bürgermeister Dr. Josef Friedrich Treppner am 11. August 1854 die Bekanntmachung *Die Verbesserung der Bronnenleitung in der Stadt Würzburg betreffend.* Bürger konnten sich wegen eines Hausanschlusses melden: „Die Stadtwasserkunst erbietet sich, nachdem die Anlage der nöthigen Werke vollendet sein wird, in jede Wohnung welche innerhalb des Bereichs ihrer Leitung liegt, gegen Bezahlung so viel Wasser zu liefern, als erfordert oder gewünscht wird."

„*Das ist eine ganz wichtige Anlage für uns, und wir sind Balthasar Neumann noch heute dankbar dafür, dass er sie gefasst hat.*"

Am 1. Oktober 1856 floss das Wasser in die Haushalte, die sich um einen Hausanschluss beworben hatten, insgesamt waren zu diesem Zeitpunkt 144 Grundstücke erschlossen worden. Die Bahnhofsquelle spielte dabei immer noch eine entscheidende Rolle. Und das tut sie noch heute. Lewetz sagt: „Etwa 25 Prozent unseres Trinkwasserbedarfes können wir mit diesen hier zusammengefassten Quellen decken, also in erster Linie mit der Quelle A, die wir hier fassen. Das ist eine ganz wichtige Anlage für uns, und wir sind Balthasar Neumann noch heute dankbar dafür, dass er sie gefasst hat." Und dem prachtliebenden Fürstbischof natürlich auch.

So geht's zur Bahnhofsquelle:

Sie befindet sich in dem kleinen Park zwischen dem Bahnhofsvorplatz und der Zu- und Ausfahrt zum Bahnhofsparkplatz.

Prof. Dr. Eric Hilgendorf vor einem der Fenster, die zum Weinkeller gehörten.

Fenster

Wo einst Weinfässer rollten

Die Fenster sehen ganz unscheinbar aus – man sieht ihnen weder an, wie weit es dahinter in die Tiefe geht, noch, dass durch mindestens eines von ihnen früher vermutlich Weinfässer hinein- und hinausgehievt wurden. Denn in dem inzwischen wieder hergerichteten Keller, zu dem die Fenster gehören und in dem heute Studenten lernen, befand sich einst der Weinkeller des jüdischen Unternehmers Max Stern (1883-1956). Seine Geschichte erzählt Dr. Eric Hilgendorf, Professor für Strafrecht und Rechtsphilosophie und außerdem Vorsitzender der Juristen-Alumni an der Universität Würzburg. „Diese Kellerräumlichkeiten gehen auf den Stifter der Universität, Julius Echter, zurück und wurden schon früh als Weinkeller genutzt", erzählt er. „Die Uni lebte ja jahrhundertelang auch vom Weinhandel. Später standen die Räume dann aber leer oder wurden anderweitig als

Lagerräume genutzt." Bis sie Anfang des 20. Jahrhunderts wieder ihrer ursprünglichen Bestimmung zugeführt wurden und dem Weinhändler Max Stern als Weinkeller dienten.

Max Stern war in der Branche groß geworden, schon seine Eltern hatten einen Weinhandel betrieben, in dem er nach seiner kaufmännischen Lehre arbeitete und Karriere machte: 1904 wurde Max Stern Prokurist und Gesellschafter der Würzburger Weinvertriebsgesellschaft mbh, ab 1912 leitete er den Würzburger Weinvertrieb und machte ihn zu einem der größten Weinbetriebe in ganz Süddeutschland. All das ereignete sich, bevor er im Jahr 1928 die 700 Meter langen Kellerräume in der Alten Universität pachtete. Eine Million Liter Wein brachte der Unternehmer in 500 Holzfässern unter. „Und die wurden vermutlich über die Fenster hinein- und hinausgerollt, das kann man noch an der Schräge des vordersten Fensters erkennen", sagt der Professor.

Max Stern, berichtet Hilgendorf, sei nicht nur Weinhändler, sondern auch ein Mäzen der Universität und ein sehr liberaler und säkularer Mensch gewesen. Doch im Jahr 1937 nahmen die Schikanen gegen ihn immer mehr zu. „Und als im Sommer auch noch seine Kinder angegriffen und bespuckt wurden, verkaufte er seinen Besitz und floh mit seiner Familie in die USA." Buchstäblich in letzter Minute, denn: „Das war ganz knapp vor der Reichskristallnacht", verdeutlicht Hilgendorf die Dringlichkeit.

Trotz dieses schlimmen Endes habe Max Stern Zeit seines Lebens Kontakt nach Deutschland gehalten und sich vor allem immer wieder nach dem Würzburger Wein erkundigt. „Wie die Lagen so seien, wie sich alles entwickelt, all das wollte er wissen. Er hat den Würzburger Wein mit dem kalifornischen verglichen, aber er ist nicht mehr nach Würzburg zurückgekehrt", erzählt Eric Hilgendorf die traurige Geschichte weiter. „Er hat sich zeitlebens noch als Deutscher bezeichnet, wenn er gefragt wurde, wo er herkomme. Er hat auch noch Deutsch gesprochen."

Doch seit einigen Jahren kommen seine Nachfahren gerne zu Besuch, denn in seinem ehemaligen Weinkeller wird heute noch an ihn erinnert. Die Universität hat einen großen Raum auf Initiative der Juristen-Alumni nach Max Stern benannt, ein Bild des wichtigen Weinhändlers hängt dort und eine Kurzvita. Da lernen Studenten, da finden Veranstaltungen statt. „Max Stern hat hier Weinproben gemacht und ganz unterschiedliche Leute zusammengebracht", sagt Hilgendorf. „Und das versuchen wir weiterzuführen. Wer hier sitzt und lernt, kann den Blick schweifen lassen." Er kann die beiden Kunstfenster betrachten, die einst den Weinkeller zierten, dann verschollen waren und nach intensiver Suche auf einem Dachboden wiedergefunden wurden. Auf dem einen ist der gute, auf dem anderen der schlechte Ehemann abgebildet. Der gute Ehemann hält seiner Gattin die Wolle, er steht in Hab-Acht-Stellung. Wenn er mit seinen Freunden Trinken geht, bricht er brav um halb neun auf, um heim zu seinem Weib zu eilen. Zu Hause wird er von einer großen Kinderschar und einer glücklichen Frau erwartet und über all dem turteln die Täubchen. Der schlechte Ehemann hingegen lässt sich verführen, trinkt übermäßig, zecht bis spät in die Nacht und kommt betrunken nach Hause, wo eine weinende Ehefrau auf ihn wartet.

Beim Lernen können sich Studentinnen und Studenten also auch beziehungstechnisch weiterbilden und sich auf die Ehe vorbereiten. Und wer den Blick noch etwas weiter schweifen lässt, entdeckt vielleicht auch die Schräge am vordersten Fenster, über die wohl Weinfässer hinauf- und hinabgerollt wurden.

Heute finden in dem Keller regelmäßig Vorträge und öffentiche Diskussionsveranstaltungen der Juristen-Alumni statt, so etwa die „Würzburger Kellergespräche". Max Stern hätte sich sicherlich über dieses rege Leben in seinem Weinkeller gefreut.

So geht's zum Fenster:

Wenn man vom Turm der Neubaukirche aus die Schönthalstraße entlanggeht, sieht man die Fenster gleich auf der rechten Seite an einem Hochbeet. Durch das letzte Fenster am Hochbeet wurden früher vermutlich Weinfässer hinauf- und hinabgerollt. Der Max-Stern-Keller gehört zur Universität und ist öffentlich zugänglich.

Dr. Esther Knemeyer Pereira steht vor der Alten Anatomie, die in der Geschichte des Frauenstudiums eine große Rolle spielte.

Alte Anatomie
Frauen wollten in die Hörsäle

Als Jenny Danziger im Oktober 1899 in dieses Gebäude kam, sorgte sie für große Aufregung: Sie war die erste deutsche Frau, die sich einen Weg in die heiligen Hallen der Universität Würzburg gebahnt hatte, die – einer Trutzburg der Bildung gleich – bis dato Männern vorbehalten gewesen war. Oder zumindest fast: Zwei Ausnahmen hatte es hier zuvor gegeben. Die in Brüssel approbierte Ärztin Dr. Marie Derscheidt hatte 1894 „Vorlesungen in Chirurgie besucht, bei Prof. Schönborn an Operationen teilgenommen, Unterricht in Massage an der Anstalt für Heilgymnastik und Massage genommen sowie verschiedenen Einrichtungen der Universität eingehende Besuche abgestattet", wie Heike Hessenauer in ihrem Buch *Etappen des Frauenstudiums an der Universität Würzburg (1869-1939)* schreibt. „Damit ging die Debatte los", ergänzt die Pressesprecherin der Uni

Würzburg, Dr. Esther Knemeyer Pereira. „Das Staatsministerium des Innern fragte bei der Universität nach, ob es denn sein könne, dass sich ‚eine Frauenperson studienhalber' dort aufhalte. Das Ministerium verwahrte sich ausdrücklich dagegen."

Marcella O' Grady (1863-1950) hatte zwei Jahre später mehr Erfolg: Die Zoologieprofessorin an einer Universität in New York wurde „ausnahmsweise" zugelassen. „Der hohe Bildungsgrad war ausschlaggebend, schließlich war Marcella O' Grady zu diesem Zeitpunkt bereits seit sieben Jahren Professorin in Amerika", erklärt die Pressesprecherin. Heike Hessenhauer schreibt dazu in ihrem Buch: „Sie kann jedoch nicht als Hörerin im eigentlichen Sinne gelten. Sie hatte als Wissenschaftlerin diesen Status nur erhalten, weil er per Satzung für die Benutzung von Universitätseinrichtungen vorgeschrieben war."

Die Sache mit Marcella O' Grady sprach sich herum, auch Jenny Danziger hörte davon und schöpfte neue Hoffnung. Sie hatte zuvor schon einmal erfolglos in München wegen eines Medizinstudiums angefragt, ihre Zulassung scheiterte daran, dass es keine getrennten Räume für Präparierübungen gab. Also klopfte sie im Oktober 1899 an die Pforten der Universität Würzburg – und sie hatte Erfolg: Das Kultusministerium teilte am 27. Oktober 1899 mit: „[...] mit Rücksicht darauf, daß die Gesuchstellerin Bayerin ist und das Absolutorium eines bayerischen Gymnasiums besitzt, wird ausnahmsweise genehmigt, daß Fräulein Jenny Danziger vorbehaltlich der Zustimmung der betreffenden Dozenten als Hörerin [...] zugelassen werde." Die Dozenten hatten nichts dagegen, Jenny Danziger durfte fortan in der Alten Anatomie Vorlesungen besuchen.

Das machte vielen anderen Frauen Mut: „Keine zwei Wochen später schrieben 13 Lehrerinnen an den Senat und wollten zu einer Vorlesung zugelassen werden", sagt Esther Knemeyer Pereira. Der zuständige Professor war einverstanden, das Ministerium wandte ein, das gehe aber nur mit ausreichender Vorbildung. „Aber es gab für Frauen ja damals kein Abitur, die höchste Ausbildung war sozusagen das Lehrerinnenseminar", schildert die Pressesprecherin das damalige Bildungssystem für Frauen. „Und diese Ausbildung hatten sie allesamt absolviert." Die Sache kam vor den Senat, der stimmte mit neun zu drei Stimmen dafür, dass Frauen mit Lehrerinnenexamen als Hörerinnen zugelassen werden – und die 13 konnten in der Uni Einzug halten. „Damals kristallisierte sich schon heraus, dass es hinsichtlich des Frauenstudiums je nach Fakultät sehr unterschiedliche Meinungen gab", sagt Knemeyer Pereira. „Die Juristen waren am meisten dagegen, die Philosophen und Mediziner hingegen relativ wohlwollend."

„Damals kristallisierte sich schon heraus, dass es hinsichtlich des Frauenstudiums je nach Fakultät sehr unterschiedliche Meinungen gab."

Die Frage, ob Frauen studieren dürfen, wurde zu einem Politikum. Es hatte zuvor auch schon ein Gutachten gegeben, in dem sich die drei Professoren Max Hofmeier, Julius von Sachs und Georg Eduard von Rindfleisch äußerten. „Die drei Würzburger Professoren bezogen darin keine eindeutige Stellung, sondern sie argumentierten – wie übrigens die meisten der Gelehrten in diesen Gutachten – sehr differenziert", schreibt Heike Hessenauer. Von Rindfleisch bilanzierte: „Prinzipiell bin ich nicht gegen die Zulassung weiblicher Studenten, ich würde aber solche nur zulassen, die alle Vor-Examina mit Note 1 abgeschlossen haben. Das würde dann ein ganz brauchbares Studentenmaterial liefern, indem zu erwarten stände, daß diese Damen durch Fleiß den Vorsprung ausglichen, welchen das männliche Geschlecht durch überlegene geistige Initiative ihnen voraus hätte."

Die alte Anatomie.

Als Hörerinnen durften Frauen, die die entsprechenden Voraussetzungen erfüllten, nun also in den Hörsaal. Bis man sie aber auch studieren ließ, dauerte es noch bis 1903 – das musste erst Prinzregent Luitpold (1821-1912) absegnen und sie gleichberechtigt zur Immatrikulation zulassen. Die Landesregierung hatte dazu ausführlich beraten. Dann stellte der Bayerische Staatsminister des Innern für Kirchen und Schulangelegenheiten, Anton Ritter von Wehner (1850-1915) dem Prinzregenten am 18. September 1903 folgenden Antrag: „Eure Königliche Hoheit möchten allergnädigst zu genehmigen geruhen, daß vom Sommersemester 1903 an Damen, welche das Reifezeugnis eines deutschen humanistischen Gymnasiums oder eines deutschen Realgymnasiums besitzen, zur Immatrikulation an den bayerischen Universitäten zugelassen werden." Seine Königliche Hoheit geruhte das in der Tat allergnädigst zu genehmigen und fortan durften Frauen in Bayern offiziell studieren. Hessenauer schreibt dazu: „Verfolgt man also die Entwicklung bis zur Zulassung der Frauen zur Immatrikulation an bayerischen Universitäten, und somit an der Universität Würzburg, so wird folgendes deutlich: Die Universität Würzburg hatte durch ihr nahezu geschlossen positives Votum entscheidend auf die Zulassung der Frauen zur Immatrikulation in Bayern Einfluss genommen. Die Universität München erwies sich als der größte Hemmschuh bei der Öffnung der bayerischen Universitäten, insbesondere wegen ihrer Angst vor Ausländerinnen. Erlangen nahm eine Mittelstellung ein."

„Die Juristen waren am meisten dagegen, die Philosophen und Mediziner hingegen relativ wohlwollend."

Dass Würzburg gebildete Frauen schätzt und sich hinsichtlich der Gleichberechtigung offen zeigt, hat also eine gewisse Tradition.

So geht's zur Alten Anatomie:

Das Gebäude, in dem die erste bayerische Studentin Würzburgs als Hörerin ein und aus ging, steht in der Koelliker Straße 6.

Georg Götz nutzt diesen Durchgang besonders gerne. Aus gutem Grund.

28

Durchgang
Der Verkehr musste weiter fließen

Auch wenn Georg Götz schon sein ganzes Leben lang in Würzburg lebt und unzählige Male hier hindurchgegangen ist, über diese Tatsache freut er sich immer noch: „Wir haben hier in Würzburg die einzige Kirche, bei der man unter dem Altar durchgehen kann", sagt das Gründungsmitglied des Main-Franken-Kreises, dessen Vorsitzender er seit 1968 ist. Gemeint ist die Burkarder Kirche, die auf den heiligen Burkard (683-750) zurückgeht, der 742 zum ersten Bischof von Würzburg geweiht wurde. Dass Burkard Würzburger Bischof, dass die Stadt überhaupt Bischofssitz wurde, ist dem im Jahre 719 nach Franken gekommenen heiligen Bonifatius (um 673-755) zu verdanken, der 741 das Bistum Würzburg gründete. In *Die älteste Lebensbeschreibung des heiligen Burkard – deutsche Übersetzung* ist zu lesen: „Man sagt aber, daß der heilige Bischof vom ersten Augenblick an, als er den obengenannten

Mann zu Gesicht bekam, von prophetischem Geiste erfüllt, seinen ergebenen Dienern folgende Prophezeiung verkündet habe. ‚Freuet euch Brüder! Seht, Gott schickte uns einen Freund, dem die in der Stadt Würzburg vom seligen Kilian versammelte Herde des Herrn anvertraut werden muß.'" Burkhard sei wegen der großen Aufgabe erstmal mächtig erschrocken, heißt es in der Beschreibung weiter, aber schließlich soll er Folgendes geantwortet haben: „‚Obwohl ich mich für ein so hohes Amt für unwürdig halte, widersetze ich mich dennoch nicht der Bürde, die mir aufgrund göttlicher Anordnung auferlegt werden soll. Denn ich glaube, daß er seine Last in Barmherzigkeit auferlegt, weil er sie in Gnade erleichtern wird.'" Die beiden reisten nach Rom, wo Bischof Bonifatius beim Papst vorsprach.

Der gab sein Einverständnis, Burkard wurde zum Bischof geweiht und trat mit Bonifatius den Heimweg an – in Würzburg wurden sie herzlich empfangen. „Nachdem sie den Weg unter Lobeshymnen an Gott und geistlichen Gesängen zurückgelegt hatten, gelangten beide Bischöfe endlich zur Stadt Würzburg; ihnen ging eine gewaltige Menschenmenge entgegen, Menschen, die dort wohnten und Menschen aus den umliegenden Gebieten", heißt es in dem Bericht weiter. Vor Freude zu Tränen gerührt, soll Erzbischof Bonifatius laut der „ältesten Lebensbeschreibung" dann gesagt haben: „Glücklich wirst du sein, Würzburg, und unter den Städten Germaniens wohl bekannt; mag man dich auch jetzt noch für die geringste unter einigen Städten halten, so wirst du dennoch, ausgeschmückt mit den Leibern deiner Märtyrer, nicht für geringer gehalten werden."

Nun hatte Würzburg also einen Bischof – und der gründete dort 748 ein Kloster, das Andreaskloster. „Burkhard führte das bischöfliche Amt elf Jahre aus und musste dann aufgrund seiner geschwächten Gesundheit zurücktreten", schildert Götz. „Als die Gebeine Burkhards im 10. Jahrhundert in das von ihm gegründete Kloster überführt worden waren, wurde es ihm zu Ehren in Burkarder Kirche umbenannt."

Damals gab es den Durchgang, unter dem Georg Götz so gerne hindurchgeht, aber noch lange nicht – der kam erst im Verlauf der langen und abwechslungsreichen Baugeschichte dazu: Nach einem großen Brand um das Jahr 1030, bei dem Kirche und Kloster in Schutt und Asche fielen, der Grundsteinlegung auf den Resten der Vorkirche durch Kaiser Heinrich III., der Errichtung des romanischen Teils durch Abt Willemund ab 1033 und der Weihe des romanischen Kirchenteils im Jahr 1042 durch Bischof Bruno, erfolgte ab 1168 zunächst der Bau der als „Paradies" bezeichneten nördlichen Langhaus-Portalvorhalle. 1250 wurden die Osttürme erhöht, bevor es schließlich und endlich 1494 zur Erweiterung der romanischen Basilika um den Ostchor und um ein spätgotisches Querhaus kam.

„Hätte man nicht die Variante mit den Schwibbögen gewählt, wäre die Straße nun von der Kirche versperrt gewesen", bringt es Götz auf den Punkt. „Das war damals – bis 1494 – die einzige Nord-Süd-Verbindung. Die Saalgasse, die heute an der Kirche vorbeiführt, gab es noch nicht. Diese Kirche wurde wegen ihrer Größe so geschickt angelegt, dass man wegen der Enge die vorhandene Straße, die seit 764 nach Burkhard benannt ist, überbaute. In Würzburg sprach man oft davon, das man mit dem Fuhrwerk unter dem Altar durchfahren kann."

Als diese Erweiterungsmaßnahmen erfolgten, war die Kirche, seit 1464 und bis 1803, ein Kollegiatsstift. Nach der Säkularisation war es eine eigenständige Pfarrei des Mainviertels. Übrigens: Wenn die Burkarder Kirche auch nach Osten hin wuchs, so „schrumpfte" sie nach Westen: Fürstbischof Johann Philipp von Schönborn (1605-1673) ließ den Westchor in den 1660er-Jahren abreißen, da Platz für die neue Stadtbefestigung und den Umlaufkanal geschaffen werden musste. Doch dessen Geschichte haben wir schon in den *Würzburger Geheimnissen Band 1* erzählt...

So geht's zum Durchgang:

Der Durchgang führt unter der Burkarder Kirche hindurch, die in der Burkarderstraße 28 steht.

Hier war es früher gemütlich, weiß Jürgen Dornberger. Er steht vor dem ehemaligen Biergarten, der als erster in der Stadt elektrische Beleuchtung hatte.

29

Bäume
Im Hellen schmeckt das Bier besser

Die beleuchtete Festung und das Käppele. Straßenlaternen, die sich im Main spiegeln: Welchem Würzburger würde nicht das Herz aufgehen angesichts des Lichterglanzes, in dem die Stadt allabendlich erstrahlt? Doch dieses Spektakel funktioniert nur mit einer Errungenschaft, die wir heute als selbstverständlich erachten: Strom. Die erste elektrische Beleuchtung in der Stadt am Main ließ aber weder die Festung noch das Käppele oder die Residenz erstrahlen und auch nicht das Rathaus, sondern: einen Biergarten.

Der Brauerei- und Gasthofbesitzer Georg Beer, der mit Frau und Tochter 1881 nach Würzburg gezogen war, hatte im Frühjahr 1884 die Nase voll. Von Gästen, die sich im Dunkeln davonschlichen, ohne ihre Zeche bezahlt zu haben, aber auch davon, dass an lauen Abenden nur wenige dieser Gäste in seinem dunklen Biergar-

113

ten ausharrten, obwohl es doch so schön warm war und sich sicherlich das eine oder andere Bier ganz wunderbar hätte verkaufen lassen. „Also fackelte Beer nicht lang, sondern schuf Abhilfe: Er stellte sich einen Generator von der Firma Schuckert mit 400 Watt in den Garten und erzeugte damit Strom. Seine Gäste konnten nun auch nach Anbruch der Dunkelheit im Hellen sitzen", erzählt der Pressesprecher der Würzburger Versorgungs- und Verkehrs-GmbH (WVV) und Betreuer des Historischen Archivs, Jürgen Dornberger. Wo der Garten war, ist heute ein Parkplatz, und auch das Schild *Sanderbräu* ist nebst dem Tor, über dem es hing, verschwunden. „Aber die Bäume, welche den durstigen Besuchern des Biergartens Schatten boten, sind noch erhalten", sagt Dornberger. Und den Generator nebst Rechnung gibt es ebenfalls noch, wenn auch nicht mehr an Ort und Stelle. Er befindet sich im WVV-Betriebsmuseum und deshalb hat ihn Dornberger – sehr zu seiner Begeisterung – dort oft vor Augen.

Das Ereignis mit dem beleuchteten Biergarten war sogar dem namhaften Würzburger Autor Max Dauthendey (1867-1918) eine Erzählung wert. Er schrieb: „Als die erste elektrische Bogenlampe Anfang der achtziger Jahre des vorigen Jahrhunderts in Würzburg eines Abends in dem Garten einer großen Brauerei vor der Stadt scheinen sollte, lief ich als Schulknabe nachts heimlich aus dem Hause, um dieses neue Licht zu sehen, von dem mein Vater lange vor der Einführung preisend gesprochen hatte [...]. Es war wohl eine Viertelstunde Entfernung von unserer Wohnung in der Kaiserstraße bis in das Stadtviertel, wo das erste elektrische Licht strahlen sollte." Unterwegs, schreibt Dauthendey weiter, habe er immer den Himmel angesehen. „Ich dachte mir, die Bogenlampe müßte wie ein Mondlicht leuchten und man müßte den Schein von einer Lampe schon über alle Dächer sehen. Als ich dann endlich nach vielen Fragen und atemlosem Laufen den Gartenzaun des Brauereigartens erreicht hatte und an einem hohen Mast nur eine weißleuchtende Glaskugel im Sommerabend hängen sah, war ich sehr ernüchtert. Viele Leute standen mit mir am Zaun und sahen in die Luft auf das neue Licht, an dem, so fand ich, nicht viel zu sehen war. Sehr enttäuscht schlich ich mich nach Hause."

Andere schlichen aber nicht nach Hause, sondern stürmten in Richtung des hell erleuchteten Biergartens. „Der wirkte wie ein Magnet", weiß Dornberger. Zumal der Rest der Stadt nach wie vor nur vom Licht der Gaslampen beleuchtet war. „Seit 1891 befaßten sich der 1. Rechtskundige Bürgermeister und der Magistrat (Referenten) mit der Frage, ob man die fortschrittliche Erfindung der Stromerzeugung auch in Würzburg einführen solle", schreibt Werner Dettelbacher in seinem Buch *Taghell ist die Nacht erleuchtet*. Doch die Stadt Würzburg sei „zaghaft" gewesen. Es habe bis ins Jahr 1897 gedauert, bis „der Magistrat der Stadt die Electrizitäts-AG, wie Schuckert & Co, ab 1893 firmierte" mit der Errichtung eines Elektrizitätswerks beauftragte. „Es sollte in der Lage sein, die Straßenbeleuchtung und Stromversorgung für private Abnehmer sicherzustellen", beschreibt Dettelbacher das Ziel. Er hat auch genau recherchiert, wer die ersten Kunden waren: „Zu den ersten Privatkunden gehörte die Firma Carl Schlier, vertreten durch den Kaufmann Fritz Schlier, die für das Anwesen Schustergasse 4 eine Beleuchtung für 24 Glühlampen zu 16 Normalkerzen und vier Bogenlampen zu 4 Ampère bestellte." Auch ein Weinhändler und eine Buchdruckerei waren unter den ersten Interessenten.

Doch der erwartete Boom blieb zunächst aus: „Bis zum Betrieb ab 1. April 1899 hatte man erst 45 Abnehmer gewonnen, setzte aber darauf, daß Betriebe und Hausbesitzer folgen würden, sähen sie erst einmal die Vorteile der elektrischen Beleuchtung ein." Die Stadt war marketingtechnisch jedoch nicht ganz ungeschickt – und versprach sich zum Beispiel von der elektrischen Beleuchtung des Theaters mit 808 Glühlampen von je 50 Watt und fünf Bogenlampen einen großen Werbeeffekt. „So sahen 650 Besucher die Vorteile dieser Beleuchtung allabendlich vorgeführt", schreibt Dettelbacher. Auch im Rathaus erstrahlte elektrisches Licht – in Form von 102 Glühlampen im Rathausneubau, außerdem gab es 26 Bogenlampen für die Straßenbeleuchtung. Das kostete die Stadt aber einiges an Geld, wie Dettelbacher recherchiert hat: „So entstand im ersten Betriebsjahr ein Defizit von 17.450,15 Mark für die Stadtkasse."

Dafür lief es nun mit den Privatinteressenten: Der Plan, immer mehr Privat- und Gewerbekunden durch die Beleuchtung öffentlicher Gebäude von den Vorteilen der elektrischen Beleuchtung zu überzeugen, glückte – und die Stadt setzte noch eins drauf: „Die Kosten für den Stromanschluss wurden sehr günstig gehalten, Handwerker bekamen einen besonders guten Tarif für ihre Maschinen", berichtet Jürgen Dornberger. Besonders den Bäckern kam das zupass, denn durch einen elektrischen Backofen wurde die Arbeit sehr erleichtert: „Sie konnten eine Stunde länger schlafen, das war natürlich sehr komfortabel", kommentiert der Archivbetreuer. Und bald schon war der Bann gebrochen: Wer etwas auf sich hielt, hatte selbstverständlich Strom. Bürger, die noch mit Gas oder gar mit Petroleum beleuchteten, galten als unerhört rückständig. Dettelbacher bilanziert: „Strom war eben sauber und sicher für Dienstboten und Kinder. Niemand mußte Petroleum besorgen, Dochte beschneiden oder Glühstrümpfe auswechseln."

„Also fackelte Beer nicht lang, sondern schuf Abhilfe: Er stellte sich einen Generator von der Firma Schuckert mit 400 Watt in den Garten und erzeugte damit Strom. Seine Gäste konnten nun auch nach Anbruch der Dunkelheit im Hellen sitzen."

Die Würzburger konnten nun also auch an anderen Stellen als in Beers Biergarten nach Einbruch der Dunkelheit Bier in einer mit elektrischem Strom beleuchteten Gegend trinken. Und das tun sie ja heute noch gerne – auf der Alten Mainbrücke zum Beispiel. Da trinkt man dann allerdings kein Bier, sondern Wein.

So geht's zu den Bäumen:

Die Bäume, die einst einen Biergarten beschatteten, stehen in der Münzstraße 19.

Die drei runden Reliefs weisen auf die Geschichte dieses Ortes hin.

Runde Reliefs
Memento mori auf technisch

30

„Der Gastwirt Caspar Kirchner scheint ein bunter Hund und unbequemer Zeitgenosse gewesen zu sein", sagt Kunsthistoriker Dr. Markus Josef Maier. „Er war ab 1606 im städtischen Unterrat und zeitweilig Zweiter Bürgermeister. Als Bauamtsleiter hat er sich mit seinen Handwerkern und seinem Stellvertreter überworfen, sodass man ihn zeitweise seines Amtes enthob." Obendrein klagte man ihn 1628 der Hexerei an. Vom Leben Kirchners erzählt der Kurator der Neueren Abteilung des Martin von Wagner Museums mit Blick auf drei Rundmedaillons. Sie sind am Haus Augustinerstraße 16 im Brüstungsfeld eines Kastenerkers angebracht. „Besonders interessant ist das linke Relief", sagt Maier. „Es geht auf Kirchner und seine Gattin zurück."

Die Steinmetzarbeit besteht aus einem kreisrunden Kranz und zwei sprechenden Wappen. Auf dem linken ist eine Kirche zu sehen. Das rechte zeigt eine Frau mit Sense, mit der die Mahd durchgeführt

117

wird. Wie die darüber angebrachte Inschrift kundtut, bezieht sich dieses Wappen auf Kirchners Frau Barbara, geborene Mehder. Die Jahreszahl 1599 weist auf Bau- oder Umbaumaßnahmen am Gebäude hin. Dieses dürfte der Vorvorgänger des heutigen Hauses sein, der Hof „Zum Storch". Kirchners bewohnten ihn im frühen 17. Jahrhundert. Auf die Geschichte des Gebäudes beziehen sich die beiden anderen Reliefs: „Das rechte erzählt von einer größeren Umbaumaßnahme Ende des 19. Jahrhundert", sagt Maier. „Im Zuge einer Erweiterung der Augustinerstraße errichtete der Metzgermeister Fritz Föttinger ein neues Gebäude. Er zierte seinen Neubau mit einem Medaillon in der Art des kirchnerschen: kreisrund mit rahmendem Kranz, Bauherrennamen und der Datierung 1887. Dazu zwei Wappen, die auf Föttingers Gewerbe hinwiesen: eines mit Rinderkopf, eines mit sich kreuzenden Schlachterbeilen."

Rätselhaft bleibt das Relief in der Mitte: Dass es an den Wiederaufbau Würzburgs nach dem Bombenangriff am 16. März 1945 erinnern soll – davon zeugt die Jahreszahl 1947. Im Zentrum des Reliefs sitzt, eine Schere überdeckend, ein Ziffernblatt. Warum zeigt es die Uhrzeit 12.35 Uhr an? Maier sinniert: „Die Zeit verrinnt, die Zeit vergeht, alles ist im Wandel. Ein Memento mori auf Technisch." Würzburgs Oberbürgermeister Christian Schuchardt ist ebenfalls auf das Relief aufmerksam geworden und hat noch eine andere Erklärung: „Wenn man die Uhr um 90 Grad dreht, steht sie auf 21.20 Uhr. Zu dieser Zeit begann der Angriff. Möglicherweise möchte man ausdrücken, dass sich nach dieser Zerstörung die Welt ruckartig weitergedreht hat. Ein anderer Blickwinkel auf Vergangenheit und Zukunft ist nötig." Ganz preisgeben wird das Relief sein Geheimnis vermutlich nie. Und das ist auch gut so, denn so veranlasst es, stehenzubleiben, nachzudenken, innezuhalten – in dieser sich immer schneller drehenden Welt.

So geht's zu den runden Reliefs:

Sie befinden sich am Eckhaus Augustinerstraße / Rittergasse.

Das Grab erinnert an Franzosen, die in Würzburg ihr Leben ließen.

Stahlhelm und Schwert

3|

Grabdenkmal für Kriegsgefangene

Dieses Grabmal gibt Rätsel auf, dort steht geschrieben: *DEM ANDENKEN DER WÄHREND DES FELDZUGS 1870/71 HIER VERSTORBENEN FRANZÖSISCHEN KRIEGER.* Es folgen die Namen und Herkunftsorte von sechs französischen Offizieren: *LEPRET JULES AUS VERNAY, BLINEAU JEAN AUS PONS, ESCALIER JEAN AUS CODENCE, SIMONET PIERRE AUS MONTMARLIERES, DAMODE FRANCOIS AUS ECHALET, ESPINASSE JOS. AUS PONT DE ARC.* Dann noch: *R. I. P.* – requiescat in pacem. Besonders spannend aber ist die letzte Zeile: *GEWIDMET VON DER STADT WÜRZBURG.* Warum widmet die Stadt Würzburg französischen Soldaten ein Grabmal? Ausgerechnet 1870/71? Im Deutsch-Französischen Krieg 1870/71 war Frankreich schließlich Feindesland und kämpfte gegen den Norddeutschen Bund sowie Bayern, Württemberg, Baden und Hessen-Darmstadt!

„Genau deshalb ist das für mich ja so ein ungewöhnliches und anrührendes Denkmal", sagt Andreas Kutschelis. Er deutet auf den efeubewachsenen Stein, auf dem neben Inschrift und Namen auch ein Schwert und ein Stahlhelm zu sehen sind: „Wenn man so will, handelt es sich hierbei um ein Memento mori des Krieges, das aber nicht die eigenen gefallenen Söhne ehrt, sondern den Gegner. Und zwar auf eine sehr noble, ja fast schon prächtige Weise! Was für eine Haltung. Im grausamen 20. Jahrhundert war sie längst abhandengekommen." Beeindruckt ist der Historiker auch davon, wie detailgetreu das kunsthandwerklich ausgesprochen hochkarätige Grabdenkmal gearbeitet ist. Und wie viel Militär- und Staatssymbolik des Zweiten Französischen Kaiserreichs darin steckt: Ein napoleonischer Tschako – eine zylindrische Kopfbedeckung im Militär – ist von einem großen Lorbeerkranz mit Schleife umgeben, unter beide ist ein inzwischen leider abgebrochenes Schwert geschoben. „Es lohnt sich, die Einzelheiten genauer zu betrachten. Denn in der ausgeführten Exaktheit der Uniformkunde spiegelt sich die ganze Hochachtung vor dem Gegner", unterstreicht Kutschelis. „Sie ist eben kein reines Verliebtsein in Zeichen und Symbole, für die heutzutage meistens jegliches Verständnis bei uns fehlt."

Andreas Kutschelis hat viel zu diesem Grabmal recherchiert.

Der Tschako zeigt vorn, auf Blitzen ruhend, den napoleonischen Adler, gekrönt von der französischen Kaiserkrone. Unter ihm sitzt eine von der Zahl *18* durchbrochene kleine Platte. „Es handelt sich bei denen, derer man hier gedenkt, also um Offiziere des französischen Infanterie-Regiments Nr. 18. Vorn über dem Helm ist der üblicherweise rote Wollpompon, oder auch Aurora-Pompon, deutlich zu erkennen. Das ist ein typisches Schmuckstück bei Paradeuniformen Frankreichs, auch heute noch", weiß Kutschelis.

Welche Schlacht es genau war, bei der die sechs Franzosen von deutscher Seite gefangengenommen wurden und dann in Würzburg in Kriegsgefangenschaft mussten, lässt sich nur schwer beantworten. „Es muss auch nicht unbedingt bei einer größeren Schlacht gewesen sein, es kann auch im Rahmen des Vormarsches bei kleineren Geplänkeln eine Gefangennahme passiert sein", überlegt Kutschelis. Und sie waren nicht die einzigen Kriegsgefangenen in Würzburg: Insgesamt rund 5.000 französische Kriegsgefangene hatte das damals etwa 40.000 Einwohner zählende Würzburg zu beherbergen, sie machten also 12,5 Prozent der Einwohnerschaft aus. Warum aber bekamen die auf dem Grabmal namentlich Genannten eine derartige Widmung und alle anderen nicht? Waren sie etwa die einzigen, die in Würzburg starben? Und alle anderen kehrten glücklich nach Hause zurück? Kutschelis verneint: Viel mehr Kriegsgefangene seien an Seuchen oder Verletzungen gestorben, wie viele, lasse sich allerdings nicht sagen. „Bis März 1871 wurden die Franzosen aber noch auf dem alten Würzburger Militärfriedhof beigesetzt, das wurde dann geändert", erklärt er und vermutet, dass die sechs Männer nach März 1871 verstarben. „Ich glaube, dass das hier als neue Begräbnisstelle für die französischen Kriegsgefangenen gedacht war. Zu dem Zeitpunkt konnte noch niemand ahnen, wann und wie schnell der Krieg zu Ende sein würde, man rechnete damit, sicher noch etliche Franzosen dort beerdigen zu müssen. Dann war aber bald der Frieden da, nämlich am 10. Mai 1871, und die Franzosen waren wieder weg."

Wenn Kutschelis' These stimmt, dann ist also ein überraschend schneller Frieden der Grund dafür, warum hier „nur" sechs verstorbene französische Kriegsgefangene gewürdigt werden. Allein: Für sie kam der Friede zu spät.

So geht's zum Stahlschwert und zum Schwert:

Sie befinden sich auf dem Würzburger Hauptfriedhof, Martin-Luther-Straße 20, in der Reihe 51/52 in der zweiten Abteilung, Feld 1.

Harald Herbach steht auf dem ehemaligen Brückenkopf.

32

Brückenrest
Nur ein Stumpf ist noch geblieben

Die Brücke führt ein paar Meter ins Gelände hinein – einen Brückenbogen weit – und hört dann plötzlich auf. „Ein wenig merkwürdig sieht das schon aus", findet Harald Herbach, der diesen Brückenstumpf häufig vor Augen hat. Ist doch das Vereinsheim der Brieftaubenliebhaber, dessen Vorsitzender er ist, im gegenüberliegenden Zeller Tor beheimatet. „Das ist der letzte Rest einer Brücke, die einst über das heutige Landesgartenschaugelände hinweg und durch das Zeller Tor führte, das 1664 von Antonio Petrini im Zuge der Stadtbefestigung nach dem Dreißigjährigen Krieg gebaut wurde." Wann genau die Brücke abgebrochen wurde, sei unklar, sagt Herbach. „Aber als man die Umgehungsstraße baute, wurde sie unnötig."

59 Meter war die steinerne Grabenbrücke lang, deren Stumpf heute noch zu sehen ist. Sie überwand den Graben vor dem Zeller Tor, der Wehrzwecken diente – ebenso wie die gekrümmte Durchfahrt, die verhindern sollte, dass man durch die Toreinfahrt schießen konnte. Wie auf alten Ansichten zu erkennen ist, standen in der Mitte der 1754 gebauten Brücke zwei große steinerne Pfeiler, an denen früher eine Wippbrücke, also eine bewegliche Brücke, befestigt war. „Dem Grundprinzip nach ist das so etwas wie eine Zugbrücke, die man, wenn der Feind nahte, einziehen oder einklappen konnte", erklärt Harald Herbach.

Heute können nur Fußgänger das Zeller Tor passieren – und wenn sie das tun, kommen sie am Vereinsheim der 1885 gegründeten Brieftaubenfreunde vorbei, das sich in den Kasematten befindet. Hier treffen sich die Brieftaubenliebhaber an den Wochenenden, um ihre Brieftauben auf den Weg zu ihren Distanzflügen in ganz Frankreich zu bringen. Und oben auf der Bastion befinden sich die Brieftauben Harald Herbachs in ihren Verschlägen – mit Blick auf den Brückenkopf!

Früher ein Teil der Befestigungsanlagen, heute ein schöner Aussichtspunkt: der Brückenrest beim ehemaligen Zeller Tor.

So geht's zum Brückenrest:

Man kann ihn gut erkennen, wenn man vom Zeller Tor aus über das Landesgartenschaugelände blickt. Die Zellerstraße führt daran vorbei.

Mit diesem Gebäude hat es eine ganz besondere Bewandtnis. Willi Dürrnagel kennt seine Geschichte.

33

Huttenschlösschen
Kehrtwendung eines Hauses

Gefällt Ihnen die Himmelsrichtung, in der sich Ihr Hauseingang befindet? Mögen Sie die Aussicht aus Ihrem Wohnzimmerfenster? Oder würden Sie lieber woandershin blicken? Ja? Dann drehen Sie Ihr Haus doch einfach um! Klingt verrückt? Ist es im Grunde auch. Aber es gibt in Würzburg ein Beispiel, bei dem genau das passiert ist: das barocke Huttenschlösschen. Es wurde um 90 Grad gedreht.

Nachdem der damalige Domdekan und spätere Fürstbischof Christoph Franz von Hutten (1673-1729) um 1720 von der Stadt das Grundstück für einen Park und ein Haus erhalten hatte (siehe Geheimnis 09), ließ er – vermutlich von dem Architekten Joseph Greising (gest. 1721) oder dessen Schüler Georg Bayer (gest. 1726) – ein Lustschlösschen in eben jenem Park bauen.

„Damals lag das Schlösschen noch mit seiner Aussichtsterrasse zum Main hin orientiert."

„Zumindest im Sommer konnte er damit wohl dem Lärm und Staub der Großbaustelle Residenz entgehen, dem er in seinem Domizil, dem benachbarten Rosenbachhof ausgesetzt war", zeigt Stadtkenner Willi Dürrnagel, der sich viel mit dem Huttenschlösschen beschäftigt hat, Verständnis. „Der Fürstbischof bewohnte das Lustschlösschen im Sommer und ging in den Mainbädern schwimmen, das Grundstück befand sich außerhalb der Stadtbefestigung", schildert er die Gegebenheiten und ergänzt: „Damals lag das Schlösschen noch mit seiner Aussichtsterrasse zum Main hin orientiert." Denn damals war es noch nicht gedreht. Diese buchstäbliche Wendung nahm die Geschichte erst mehr als eineinhalb Jahrhunderte später:

Nach dem Tod des Fürstbischofs veränderte sich die Umgebung des kleinen Schlösschens immer mehr. Weite Teile des einst so großen Parks wurden verkauft und 1803 kam auch das Lustschlösschen unter den Hammer. „Keiner der nun kommenden Eigentümer besaß das Haus in den Folgejahren lange", sagt Dürrnagel und verdeutlicht diese Aussage: „Bis 1884 gab es hier sechs verschiedene Besitzer." Doch dann kehrte Ruhe ein – zumindest hinsichtlich der Eigentümer: Am 7. November 1884 kaufte die Altherrenschaft des Corps Rhenania Würzburg das Haus und sanierte es. Und in deren Besitz befindet sich das Huttenschlösschen noch heute.

Unruhe kam nun von anderer, von baulicher, Seite: Zur gleichen Zeit – bis 1900 – war die Mainuferregulierung in vollem Gange. „Die Ludwigsbrücke und der Hochkai wurden gebaut", berichtet Dürrnagel: „Und zu diesem Zweck musste das Grundstück, auf dem das Schlösschen steht, um 1,60 Meter aufgeschüttet werden." Fast bis zum Balkon hätten die Aufschüttungen in den Jahren 1904/05 gereicht. „Da wurde die öffentliche Aufmerksamkeit auf die Gefahr des Versinkens eines Kleinods der Barock-Architektur gelenkt. Die einschlägigen Kreise interessierten sich für das Schlösschen und versuchten es zu retten." Dafür gab es mehrere Pläne: „Zuerst wurde beabsichtigt, das Gebäude zu heben und zu verschieben; dann aber kam man von diesem Plan wieder ab, weil seine Ausführung zu gefährlich schien", erzählt Willi Dürrnagel die wechselvolle Geschichte weiter.

Stattdessen griffen die Bauherren 1904/05 zu einer alternativen Maßnahme, die ihnen wesentlich sicherer erschien: Sie bauten das Haus Stein für Stein ab und anschließend wieder auf. „Die Stuckdecken im oberen Stockwerk wurden herausgesägt, das Gebäude unter Nummerierung aller Haussteine abgebrochen und das ganze Bauwerk 3,5 Meter höher als früher an der Nordfront des Grundstückes gegenüber den Glacisanlagen genau im alten Zustand wiederaufgebaut", hat Willi Dürrnagel recherchiert.

Mit einem Unterschied: Das prachtvolle Gebäude war nun um 90 Grad in Richtung Süden gedreht, damit es mit dem Ringpark korrespondierte. „Sonst wäre die Fassade auch untergegangen", sagt Dürrnagel: „Schließlich hätte sie dann zur heutigen schmalen Schießhausstraße geblickt und da wäre sie nicht zur Geltung gekommen. Die Gartenanlage ging ja nicht mehr bis zum Main, sondern wurde an dieser Stelle von der Schießhausstraße, dem Ludwigkai und der Kurt-Schumacher-Promenade unterbrochen."

Wie gut, dass das Huttenschlösschen gedreht wurde. Denn wenn es auch keine Terrasse in Richtung Main mehr hat: Zur Sanderglacisstraße hin zeigt sich das Barockgebäude prachtvoll wie eh und je.

So geht's zum Huttenschlösschen:

Es steht in der Sanderglacisstraße 10.

Dr. Hans Steidle steht vor dem Haus, in dem einst der Vater von Jehuda Amichai sein Geschäft betrieb.

Ehemaliges Ladengeschäft 34
Jehuda Amichai in Würzburg

„Wer hätte gedacht, dass eine der Grundlagen der modernen israelischen Literatur und Lyrik ausgerechnet in Würzburg gelegt wurde?", fragt Stadtheimatpfleger Dr. Hans Steidle und fährt fort: „Das Ganze beginnt aber nicht in Würzburg, sondern im nahe gelegenen Giebelstadt. Dort wurde nämlich 1888 Friedrich Pfeuffer geboren und kam im ersten Jahrzehnt des 20. Jahrhunderts zu seinem älteren Bruder Samuel nach Würzburg, der hier seit 1895 eine Kurzwarenhandlung betrieb." Friedrich avancierte vom Angestellten zum Teilhaber des Geschäfts in der Neubaustraße. Dann brach der Erste Weltkrieg aus und Pfeuffer musste ins Feld. Für seine Verdienste als Unteroffizier bekam er das Eiserne Kreuz zweiter Klasse. Nach dem Krieg gründete er eine Familie, 1922 wurde Tochter Rahel und 1924 Sohn Ludwig Otto geboren. Und dieser Ludwig Otto ist der Protagonist unserer Geschichte. Bekannt geworden ist er allerdings unter einem anderen Namen – einem Namen, den im Jahr 2018 ganz Würzburg kannte, weil ganz Würzburg sein Buch las: Jehuda Amichai. Nicht nur hier ist er sehr bekannt, sondern vor allem in Israel: „Er ist der Nationallyriker, den sogar Benjamin Netanjahu zitiert hat, obwohl es zwischen den beiden politisch einige Differenzen gab", sagt Steidle.

Jehuda Amichai, Sohn des Friedrich Pfeuffer, wurde am 3. Mai 1924 in Würzburg in der Augustinerstraße 9 geboren. Sechs Jahre nach seiner Geburt riss man sein Geburtshaus ab und ersetzte es durch ein Hochhaus, das immer noch steht, sich aber nicht unbedingt des besten Zustands erfreut. „Die Familie zog dann in die St.-Benedikt-Straße, damals Alleestraße 11, und der kleine Ludwig Pfeuffer – Jehuda Amichai – wurde im jüdischen Kindergarten und der jüdischen Volksschule erzogen", berichtet Hans Steidle weiter. „Dort lernte er Hebräisch. Seine Eltern waren orthodoxe Juden und führten ein strenges, religiöses Leben." Im elterlichen Laden ging er ein und aus, ebenso wie seine Klassenkameradin Ruth Hanover, Tochter des Würzburger Rabbiners. „Die Freundschaft vertiefte sich noch, als sie nach einem Autounfall im Dezember 1934 ein Bein verloren hatte und der kleine Ludwig sie beschützen wollte. Auf dem Heimweg von der Schule wurden sie im Ringpark 1934 oder 1935 von Hitlerjungen überfallen und getreten. Das war für den kleinen Ludwig Pfeuffer ein traumatisches Erlebnis", erzählt der Stadtheimatpfleger.

„Er ist der Nationallyriker, den sogar Benjamin Netanjahu zitiert hat, obwohl es zwischen den beiden politisch einige Differenzen gab."

Pfeuffers Vater Friedrich hatte zu diesem Zeitpunkt den Antisemitismus schon kräftig zu spüren bekommen. „Ihm wurde klar, dass er in Würzburg keine Zukunft haben würde. Also wanderte er mit seiner weit verzweigten Familie 1935 nach Palästina, nach Petach Tikwa aus, damals eine kleine ländliche Siedlung in der Nähe von Tel Aviv, heute eine supermoderne Stadt mit 250.000 Einwohnern." Dort lernte Ludwig Pfeuffer ein ganz anderes Leben kennen, als er es von Würzburg gewohnt war. Steidle zählt auf: „Sport, draußen sein, Juden als Handwerker, als Techniker, denn in Palästina hatten die Juden damals mit orthodoxem Judentum wenig am Hut, dort sollte eine neue Heimat und ein neuer Staat aufgebaut werden."

1937 zog Pfeuffer mit seiner Familie nach Jerusalem, 1939 begann der Zweite Weltkrieg, in den auch der Nahe Osten hineingezogen wurde. Die Juden in Palästina bildeten jüdische Brigaden, die Jewish Brigade. Palästina wurde damals von Großbritannien im Auftrag des Völkerbunds verwaltet, es kam zu Konflikten zwischen Juden und Arabern. 1942 meldete sich auch der 18-jährige Ludwig Pfeuffer – ab 1945 Jehuda Amichai genannt – freiwillig zum Dienst in der britischen Royal Army. Er kämpfte in Nordafrika und Italien, dann kehrte er nach Jerusalem zurück, machte eine Ausbildung als Lehrer, engagierte sich im Untergrund für die Unabhängigkeit des zu gründenden Staates Israel und kämpfte im Ersten Arabischen Krieg, dem Palästinakrieg (1947-1949), zur Verteidigung dieses jungen jüdischen Staates. Auch 1956, während der Suezkrise, war er Mitglied der israelischen Armee, ebenso im Sechstagekrieg 1967.

Was hat dieses Fenster mit Jehuda Amichai zu tun?

„In viel zu viele Kriege musste er ziehen", kommentiert Steidle. „Inzwischen war er zum Professor für hebräische Literaturgeschichte und Lyrik avanciert und begann, selber Gedichte zu schreiben. Und mit diesen Gedichten begründete er seinen Ruhm, denn er schaffte es, die traditionelle liturgische Sprache des Althebräischen mit dem Neuhebräischen zu verbinden und eine Bilderwelt zu schaffen, die der Moderne und der Tradition der jüdischen Kultur einen neuen Ausdruck gab und beide vereinigte."

1963 veröffentlichte er den Roman *Nicht von Jetzt, nicht von hier*, der unter anderem in Weinburg spielte. „Jeder Würzburger weiß, dass damit Würzburg gemeint ist", sagt Steidle. Jehuda Amichai erzählt darin die Geschichte des Jerusalemer Archäologen Joel, der seiner im Konzentrationslager ermordeten Jugendfreundin Ruth im Traum begegnet. Das ist für ihn das Signal, dass er sich auf die Reise in seine Vergangenheit begeben muss. Er sehnt sich nach der Kindheit in Weinburg, aber er wünscht sich auch Vergeltung an jenen, die im Dritten Reich all das Leid über die Juden gebracht haben. Joel will reisen, seine Freunde raten ihm davon ab. In der Buchbeschreibung des Verlags heißt es: „Von nun an vermischen sich Wirklichkeit und Imagination: Tatsächlich verliert sich Joel in einer heftigen, ‚unvernünftigen' Leidenschaft mit der amerikanischen Ärztin Patricia; sein Alter ego jedoch nähert sich Weinburg, der Stadt, die, halb noch zerstört, halb wiederaufgebaut, eine surreale Kulisse für seine Begegnung mit der Vergangenheit bildet." Hans Steidle urteilt: „Dieser Roman, 1992 übersetzt, ist sicherlich der packendste und der beste über Würzburg." So hat Jehuda Amichai die Stadt, aus der er stammte, auch noch poetisiert. Und so war Würzburg nicht nur der Geburtshelfer der israelischen Lyrik, sondern auch der Anlass für einen hervorragenden Roman.

„*Dieser Roman, 1992 übersetzt, ist sicherlich der packendste und der beste über Würzburg.*"

So geht's zum ehemaligen Ladengeschäft:

Das Gebäude, in dem sich einst das Geschäft des Vaters von Jehuda Amichai befand, steht in der Neubaustraße 14. Ein weiteres befindet sich in der Domerschulstraße 16.

Die Bauinschrift verrät, wer dieses Gebäude wann errichten ließ.

Hausinschrift
Viel Prominenz im ersten Haus am Platz

Eine 1, eine halbe 8, eine 8 und eine nach oben zeigende Zacke – das ergibt in der europäischen Schreibweise des Mittelalters die Jahreszahl 1487. Zu entziffern ist sie am Gebäudekomplex des „Wirtshaus zum Lämmle". Man läuft geradewegs auf sie zu, wenn man von der Marienkapelle aus die Häfnergasse entlanggeht. Mit einiger Mühe lässt sich auch entziffern, was sonst noch auf der an der Hauswand angebrachten Tafel geschrieben steht: *hat Jost Kolb dißen baw lassen mache*. Jost Kolb hat also 1487 das Haus erbauen lassen. Die Suche nach diesem Jost Kolb führt ins Stadtarchiv, das mitteilt, ein Jobst Kolb lasse sich im Jahr 1485 als Würzburger Ratsherr nachweisen; 1481 war er Bürgermeister der Stadt. Naheliegend, dass es sich um den gleichen Jost oder Jobst Kolb handelt, der auch das Haus erbauen ließ. Es gehörte ursprünglich zum domkapitelischen Präsenzhof „Zum Elsengarten".

„Merkwürdig, obwohl das Haus so lange im Besitz meiner Familie war, habe ich die Tafel mit der Inschrift nie bemerkt", sagt Axel Hochrein nachdenklich. Denn auch wenn der Flügel, an dem die Hausinschrift hängt, heute nicht mehr direkt zum „Gasthaus Lämmle" gehört, war das zu Zeiten, als seine Vorfahren in dem Gebäudekomplex über viele Generationen das Wirtshaus und Hotel führten, noch anders.

Gut 100 Jahre nachdem Jost oder Jobst Kolb das Haus erbaut hatte, 1594, wurde bereits ein „Gasthaus zum Weißen Lamm" in Würzburg erwähnt, wie Axel Hochrein recherchiert hat. „Urkundlich wird ein Gasthof zum Weißen Lamm erstmals 1656 genannt." Die Familiengeschichte der Hochreins in selbigem beginnt mit Eusebius Philipp Hochrein (1861-1932). Der war zuerst im „Greifensteiner Hof" als Hausdiener tätig, ehe er Anna Mark heiratete, die Tochter des damaligen Eigentümers vom Weißen Lamm. „Der Gasthof war eine beliebte Einstellwirtschaft, in der Pferde und Fuhrwerke untergestellt werden konnten. Schon kurz nach vier Uhr morgens kamen die ersten Gäste und stärkten sich mit Kaffee und Frühstück, nachdem sie als Einkäufer bei den Marktbauern ihre Bestellung aufgegeben hatten. Später fuhr dann ein Lohndiener die Ware in die Hotels oder Kaufläden", erzählt Axel Hochrein.

1925 erfolgte die Umbenennung in „Lämmle", um von der Gaststätte „Weißes Lamm" in der Gerberstraße unterschieden werden zu können.

Der Aufschwung von der Einstellwirtschaft zum viel besuchten Weinlokal sei unter Eusebius' Sohn Oskar, Axel Hochreins Großvater, passiert, der eine Paula Schmitz geehelicht hatte. Und Paula brachte Erfahrung mit, hatten ihre Eltern doch im Breisgau das Hotel „Römischer Kaiser" betrieben. „Paula war die Seele des Geschäfts und kümmerte sich um jeden Gast, obwohl sie zwei Söhne, Adolf und Hans, zu erziehen hatte", erzählt Hochrein. Besonders berühmt seien die Kommunionsfeiern gewesen, die „Frau Paula" mit viel Mühe ausrichtete: „Vom Tischschmuck bis zum Dankgebet war alles bedacht und wurde Jahr für Jahr variiert. Noch feierlicher ging es bei Hochzeiten zu. War die Trauung in der nahen Marienkapelle, so lag ein dreißig Meter langer roter Läufer vom Nordportal bis zum Hauseingang aus, damit die Hochzeitsgesellschaft an die gedeckte Tafel kam, ohne einen Fuß aufs Pflaster setzen zu müssen", schildert Axel Hochrein die Mühen seiner Großmutter. Auch Burschenschaften hätten im Hinterzimmer gern ihre Versammlungen abgehalten.

Der Zweite Weltkrieg brachte viel Leid: Sohn Adolf kehrte nicht von der Front heim, der Bombenangriff vom 16. März 1945 zerstörte das Anwesen stark – die Familie überlebte im Weinkeller. „Oskar Hochrein erlitt als Brandschutzwart allerdings eine Rauchvergiftung und starb genau ein halbes Jahr später am 16. September 1945", berichtet Axel Hochrein über das Schicksal seines Großvaters. Seine Witwe Paula baute zusammen mit ihrem Sohn Hans – Axel Hochreins Vater – das Haus wieder auf und verhalf ihm zu neuer Blüte: „In den 1950er-Jahren war es das erste Haus am Platz in Würzburg, wer Rang und Namen hatte, stieg hier ab", sagt Axel Hochrein, der noch immer das Gästebuch hat, in dem sich auf jeder Seite Prominenz aus Film, Wirtschaft und Politik drängt. Kurt Tucholsky war da, Kronprinz Rupprecht kam am 22. Mai 1947 und aß „Königinsuppe, Goldbarschfilet in Weisweinsoße, Salzkartoffel und Rumpsteak mit Bratkartoffel, Stangenspargel und Kopfsalat und eine Käseplatte", wie der noch erhaltenen Speisekarte zu entnehmen ist. Magda Schneider, die Mutter von Romy Schneider, stieg hier ab und auch der Bayerische Ministerpräsident Hans Ehard. Winifred Wagner war am 14. und 15. September 1951 zu Gast, Otto von Österreich-Ungarn und seine Frau weilten hier, ihr Kind wurde in Würzburg geboren und im Neumünster getauft. „Das Lämmle hat den Sekt zum Empfang spendiert", sagt Axel Hochrein. Franz Josef Strauß verewigte sich am 16.

Axel Hochrein vor dem Gasthof, der lange Zeit seiner Familie gehörte.

Juli 1963 ebenfalls im Gästebuch und ließ unter seiner Widmung noch Platz, den der folgende Gast, Komödiant Karl Lorenz, zu nutzen wusste. Er schrieb darunter – in dem Wissen, dass Strauß' Vater Metzger war: *Wenn sein Vater Ochsen, Kälber, Schweine mit geübten Armen die Axt vors Stirnbein schlug, / ging Franz Josef in sein Zimmer um zu weinen, da sein Zartgefühl den Anblick nicht ertrug. / Erst am Mittag, wenn das Resultat der Schlachtung lieblich in der Pfanne briet, / zeigt er dem Handwerk wieder Achtung, denn gesegnet war Franz Josefs Appetit.*

> „In den 1950er-Jahren war es das erste Haus am Platz in Würzburg, wer Rang und Namen hatte, stieg hier ab."

Übrigens hat Strauß sich im Hochrein'schen Haus den Arm gebrochen: „Er ist in der Badewanne ausgerutscht", sagt Axel Hochrein. „Das hatte zur Folge, dass die Uniklinik, in der er versorgt wurde, eine neue Ausstattung bekam."

1973 verkaufte die Familie das Haus, es folgten mehrere Besitzerwechsel. „Im März 2007 begann eine neue Ära", sagt Axel Hochrein. Gemütlich einen Schoppen trinken kann man hier nach wie vor. Tut man das draußen, kann man dabei auch noch die Tafel begutachten, die der stolze Erbauer des Hauses vor vielen Jahrhunderten anbringen ließ. Prost, Jost oder Jobst Kolb!

So geht's zur Hausinschrift:

Wenn man von der Marienkirche aus die Häfnergasse entlanggeht, kommt man direkt darauf zu. Das Wirtshaus zum Lämmle befindet sich am Marienplatz 1.

Klaus Wichmann hat diese Tür aus Sicherheitsgründen anbringen lassen.

36

Tür

Das Wasser sprudelt für den Wein

Irgendwann wurde Klaus Wichmann die Sache zu heiß. „Da hätte jederzeit jemand reinfallen können", sagt er, „und es geht immerhin achteinhalb Meter in die Tiefe." Also ließ der Vorsitzende der benachbarten und 1392 erstmals urkundlich erwähnten Schützengesellschaft kurzerhand eine Mauer nebst Tür vor den tiefen Brunnen bauen. „Ich sehe oft Leute vorbeikommen und rätseln, was sich wohl hinter diesem Eingang verbirgt", erzählt er. „Wobei die meisten heute ohnehin nicht mehr zu Fuß kommen, wie das noch in den 1970er- und 1980er-Jahren der Fall war. Die meisten fahren mit dem Auto zum Ausflugslokal Schützenhof auf dem 359 Meter hohen Nikolausberg."

Denen, die gelaufen sind und dann grübelnd vor der Tür stehen, gibt der Würzburger aber gern Auskunft: der Brunnen sei vermutlich zur Bewässerung für die Weinberge angelegt worden. Er sei permanent aktiv, je nach Jahreszeit mit mehr oder weniger Wasser. Zum Trinken sei das kühle Nass allerdings nicht geeignet – da es mit Halogenkohlenwasserstoff verunreinigt ist. „Das kommt unter anderem von der Düngung der landwirtschaftlich genutzten Flächen hier oben auf dem Nikolausberg", sagt Wichmann und ergänzt: „Zu Beginn des 20. Jahrhunderts war der Berg bis auf die Platanenallee zum Käppele noch ganz kahl – es standen hier nur Weinreben, aber Bäume oder Landwirtschaft gab es noch nicht."

Zur Entstehungszeit des Brunnens – wohl im ausgehenden 18. oder Anfang des 19. Jahrhunderts, schätzt der Vorsitzende der Schützengesellschaft, sei der ganze Berg von Weinreben überzogen gewesen. „Alle Mauern – die man heute noch sieht – waren Weinbergmauern, die die bepflanzten Hügel stützten. Es gab vom Mittelalter bis zum Beginn des 19. Jahrhunderts keinen Hektar rund um Würzburg an den Hängen, der nicht mit Wein bepflanzt war."

Der weltweit bekannte Frankenwein hat in Würzburg eine lange Tradition: Schon 779 wurde die Weinrebe erstmals urkundlich erwähnt. Zu Berühmtheit verhalf ihm auch das Bürgerspital. Noch heute zählt dieses mit 120 Hektar Anbaufläche zu den größten Weinbaubetrieben Würzburgs.
Die Lagen, die auf dem Nikolausberg berg- und talseits des „Mainleitenwegs" angebaut wurden, hießen „Würzburger Mainleite". Allerdings gab es hier lange keinen Weinbau mehr. „Die Osthänge eignen sich nicht so gut für den Weinbau wie die reinen Südhänge", erklärt der Fachmann. „Doch in letzter Zeit wird hier auch wieder angebaut." Wichmann freut sich darauf, den neu angebauten Wein zu probieren.

So geht's zur Tür

Sie befindet sich auf dem Nikolausberg (Gleßberg) am Mainleitenweg. Kurz vor der Treppe, die rechts zum Schützenhof hinaufführt, kann man sie vor einer Rechtskurve entdecken.

Gerade weil Pfarrer Gerhard Zellfelder so ein reines Gewissen hat, hat er vor einem Ausflug in die Büßerzelle gar keine Bedenken.

Spitzbogen-Fenster
Gottesdienst auch für Büßer

In der Deutschhauskirche findet sich schräg gegenüber dem Eingang im Langhaus ein kleines Fenster im Mauerwerk, das sich teilweise öffnen lässt. Blickt man vom Langhaus aus hindurch, entdeckt man, dass sich dahinter ein kleiner Raum befindet. „Das ist die sogenannte Pönitentenzelle", erklärt Pfarrer Gerhard Zellfelder. Ein Pönitent ist per Definition in der katholischen Kirche jemand, der Buße für eine begangene Sünde tut. Das Wort leitet sich vom lateinischen Verb poenitere „bereuen" ab. Und tatsächlich: Genau das hat es mit dem Raum hinter dem kleinen Fenster auf sich.

Die Ritter des von 1219 bis 1805 in Würzburg bestehenden Deutschen Ordens, denen die Kirche gehörte (siehe Geheimnis 22), mussten in diese Büßerzelle, wenn sie vorübergehend in Ungnade gefallen waren. Von hier aus hatten sie dann im Stehen den Gottesdienst zu verfolgen. Denn sie waren zwar von der Eucharistie ausgeschlossen, mussten dem Gottesdienst, ihrer Pflicht folgend, aber beiwohnen. „Diese Ritter waren ja ansonsten nicht eingesperrt, haben am Tagesablauf teilgenommen und sich frei bewegen können", sagt Zellfelder.

Gründe für einen Ausschluss vom Gottesdienst waren zum Beispiel unkeusche Gedanken, Ungehorsam gegenüber dem Abt oder üble Nachrede. „Solche Büßerzellen finden sich nur noch ganz selten", sagt Pfarrer Zellfelder. „Im brandenburgischen Strausberg gibt es noch eine und auch im südfranzösischen Saint-Maximin-la-Sainte-Baume." Diese Pönitentenzellen fanden sich ausschließlich in katholischen Kirchen, denen ein Kloster oder eine Kommende angeschlossen waren, erklärt der Geistliche.

Katholische Gottesdienste werden in der Deutschhauskirche aber schon lange nicht mehr gefeiert, denn sie wurde der evangelischen Gemeinde als drittes Gotteshaus in Würzburg zugesprochen. Buße ist dem evangelischen Glauben ja aber keineswegs fremd. Wie sagte doch Luther so schön: „Buße tun heißt, umkehren in die offenen Arme Gottes. Dazu gehört, dass wir die Sünden herzlich erkennen, vor Gott und in gewissen Fällen auch vor Menschen bekennen, bereuen, hassen und lassen und im Glauben an Jesus Christus in einem neuen Leben wandeln." Und dazu, meint Pfarrer Zellfelder lachend, muss niemand in eine Büßerzelle.

So geht's zum Spitzbogen-Fenster:

Es befindet sich in der Deutschhauskirche (Schottenstraße) im Langhaus, schräg gegenüber dem Eingang links neben der Sakristei.

Andreas Kutschelis bedauert, dass die Gedenktafel für dieses so wichtige historische Ereignis weitgehend in Vergessenheit geriet.

Gedenktafel
Eine Schlacht verändert alles

Man muss schon wissen, wo sie hängt, um sie entdecken zu können: Sie hebt sich von der Mauer, auf der sie angebracht ist, farblich nicht ab, die Inschrift ist bereits ziemlich verwittert und Fußgänger, die sie beim Schlendern entdecken könnten, gibt es entlang dieser vielbefahrenen Straße auch kaum. „Und deshalb", sagt Historiker Andreas Kutschelis, „ist diese Gedenktafel mehr und mehr in Vergessenheit geraten." Mit viel Mühe kann man noch entziffern, was darauf geschrieben steht: *3. Sept 1796 – Hier am Galgenberg und in dem nordöstlich anschliessenden Raume Lengfeld Kürnach Euerfeld Rottendorf siegte der Bruder des deutschen Kaisers ERZHERZOG KARL als Führer der deutschen Armee über die französischen Revolutionstruppen unter General Jourdan.* Dazu der kaiserliche Doppeladler.

„Es ist höchstwahrscheinlich eine Gedenktafel aus dem Jahr 1896, die am nicht mehr existierenden Schlacht-Denkmal auf dem ehemaligen Erzherzog-Karl-Platz angebracht war", hat der Historiker recherchiert. Auf diesem Platz steht heute ein Pavillon, in dem früher amerikanische Autos an US-Soldaten und später Matratzen verkauft wurden. „Die Tafel wurde im Zuge der Enttrümmerung des beim Luftangriff vom 16. März 1945 zerstörten Areals sowie beim Abbruch des Denkmals sichergestellt, im Rathaus gelagert und dann Ende 1958 oder Anfang 1959 an ihrem heutigen Platz angebracht. Zuvor war die Schrift von einem Bildhauer namens Birk neu gefasst worden", berichtet Kutschelis und fährt fort: „Der jüngere Bruder Franz II. (1768-1835) war ein sehr guter Militärstratege, der in der Schlacht bei Würzburg, die Teil des Ersten Koalitionskriegs war und vom 1. bis 3. September 1796 dauerte, gewonnen hat. Er wurde daraufhin in der Stadt sehr verehrt und man hat sogar eine Klaviersonate für ihn komponiert." Die bedeutendste historische Marke des Erzherzogs Karl von Österreich-Teschen (1771-1847) sei aber, dass er der Erste war, der Napoleon in einer offenen Feldschlacht, der Schlacht bei Aspern am 21./22. Mai 1809, besiegte und damit dem Mythos des unbesiegbaren Franzosenkaisers ein Ende setzte. „Karl hatte ein enormes strategisch-taktisches Geschick und war anderen Heerführern deutlich überlegen", erzählt Andreas Kutschelis weiter. „Er hat für diese Zeit relativ schnell Truppen punktuell verteilt, wieder weggenommen, hingebracht, also schnell in Aktion und Reaktion agiert, was letztendlich auch seinen Sieg bewirkt hat."

Nur noch schwer lesbar: die Gedenktafel für Erzherzog Karl.

Der Text dieser Inschrift mit seinen geografischen Beschreibungen des nordöstlichen Raumes von Würzburg könne jedoch die Betrachtung auf ganz andere Aspekte dieses Ereignisses lenken,

findet Kutschelis: „Am 2. und noch intensiver am 3. September wurden die Kämpfe auf einer Frontlänge von mehr als zwölf Kilometern vom Steinberg bis in den Raum Prosselsheim zwischen mehr als 30.000 Franzosen und etwa 45.000 Mann des österreichischen Heeres ausgefochten. Dabei dehnten sich die Truppenbewegungen bis in die Räume Rimpar-Maidbronn sowie Rottendorf aus, die ebenfalls eine Entfernung von etwa zwölf Kilometer aufweisen."
Auf der Anhöhe zwischen Maidbronn und Estenfeld fiel letztendlich die Entscheidung. „Diese beiden zwölf Kilometer-Achsen liegen im Entscheidungszentrum etwa im rechten Winkel zueinander. Damit ergibt sich eine ungefähre Fläche von 144 Quadratkilometern, auf der sich jetzt um die 75.000 Menschen mit bis zu 5.000 Pferden massiv kämpfend bewegten", verdeutlicht der Historiker die Dimension. Und er geht noch mehr ins Detail: „Es hielten sich im Schnitt 521 Soldaten auf 1.000 Quadratmetern auf. Was für eine Dichte!" Vor allem angesichts der Tatsache, dass Würzburg damals noch viel kleiner war als heute: Die Stadt hatte 1796 um die 20.000 Einwohner, im Jahr 2015 an die 125.000, also das Sechsfache. „Man stelle sich einmal vor, dass sich heute im diesem Gebiet in Würzburgs unmittelbarer Nachbarschaft 450.000 Menschen mit all den Folgeerscheinungen befänden", überlegt Andreas Kutschelis und meint: „Jetzt beginnt man zu ahnen, welche nicht politischen, sondern ökonomischen, sozialen, hygienischen, medizinischen, versorgungstechnischen, ja existenziellen Auswirkungen dieses Ereignis auf die Menschen in Stadt und Land damals hatte."
Das traf auch für die unmittelbare Umgebung zu: Diverse Dörfer wie Unterpleichfeld, Burggrumbach, Mühlhausen und Lengfeld waren niedergebrannt, andere teilweise zerstört, eine Feldbewirtschaftung in diesem Gebiet war für Jahre unmöglich. Aufgrund der schlechten Ernährungslage lösten Krankheiten und Ungeziefer, die von den Soldatenmassen eingeschleppt wurden, Epidemien aus. Die Todesraten stiegen drastisch. Quellen und Trinkwasser waren durch Kadaver und Leichen verunreinigt. Nahrungsmittel für Mensch und Nutzvieh wurden knapp. Wohnraum fehlte. Misshandlungen, Vergewaltigungen und Plünderungen hatten stattgefunden, wobei Einquartierungen, Verproviantierungen, Requirie-

rungen und Douceurs (erzwungene Geschenke) höchst beliebt waren. „Schon im Juli hatten Stadt und Land Würzburg, bei einer Einwohnerzahl von 20.000, bereits 100.000 Paar Schuhe, 25.000 Paar Stiefel, 600 Pferde, 100.000 Gamaschen und 100.000 Hemden abgeben müssen", hat Kutschelis recherchiert. „Diese Zahlenverhältnisse verdeutlichen die Kriegsverhältnisse drastisch. In jedem Fall hatte für die Überlebenden ein komplett neues Zeitalter begonnen, lange noch ohne die Errungenschaften der Französischen Revolution. Eine andere, fremde, unberechenbare, säkulare Welt war in das kleine, beschauliche Hochstift Würzburg eingebrochen, und am Ende der Kriegszeiten sollte hier nichts mehr so sein, wie es gewesen war."

Kein Wunder, dass der siegreiche Erzherzog in der Stadt wie ein Held gefeiert wurde! „Karl zog nach der gewonnenen Schlacht den Rennweg entlang in die Stadt ein, an der Residenz vorbei und sprach vor dem Rathaus zu den Würzburgern. Die ganze Stadtbevölkerung hatte sich hier versammelt, um ihn zu sehen, es kam zu unaufhörlichem Jubelgeschrei und Vivat-Rufen", berichtet Kutschelis. Neben einem Dankgottesdienst gab es auch noch eine eigene Tondichtung für den Siegreichen: Der Wiener Musiker Johann Baptist Wanhal (1739-1813) komponierte für Karl das Klavierstück *Die Schlacht bei Würzburg*.

Diese Musik ist heute weitgehend in Vergessenheit geraten – ebenso wie die Gedenktafel, die an der vielbefahrenen Straße ihr Dasein fristet.

So geht's zur Gedenktafel:

Fährt man die Rottendorfer Straße stadtauswärts, kann man sie gleich nach der Kreuzung mit der Wittelsbacher- und der Salvatorstraße linkerhand in der Umgebungsmauer des ehemaligen Biergartens „Zum Letzten Hieb" entdecken.

Mit dem Sternenkranz des Nepomuk hat es eine ganz besondere Bewandtnis.

Kranz
Der Fünf-Sterne-Heilige

Zigtausend Schritte hat Johannes Wohlfahrt schon über die Alte Mainbrücke gemacht, stadteinwärts ist er gegangen, stadtauswärts und wieder stadteinwärts. Mit Gästen und alleine, schlendernd und hastend, und den einen oder anderen Brückenschoppen hat er hier freilich auch schon getrunken. Und wie er da so stand und an seinem Wein nippte, fiel sein Blick plötzlich auf den Sternenkranz des Heiligen Nepomuk. „Der war mir bis dahin nie aufgefallen", sagt er. „Vor allem wenn man mit Gästen unterwegs ist, konzentriert man sich auf die bekannten Brückenheiligen und übersieht dann doch vieles. Und so ein Detail wie den Sternenkranz erst recht." Neugierig geworden, begann er zu recherchieren.

Johannes Nepomuk (um 1345-1393) wurde 1380 zum Priester geweiht und war Pfarrer an der Kirche St. Gallus in Prag. Neun

Jahre später war er Generalvikar des Prager Erzbischofs und wurde dafür bekannt, dass er die Rechte der Kirche gegenüber dem König energisch vertrat. Das ging dem böhmischen König Wenzel IV. gehörig auf die Nerven. Und als dann auch noch die Gattin des Königs, Sophie Euphemia von Bayern (1376-1428), Johannes zu ihrem Beichtvater wählte, war er endgültig schlecht auf den Geistlichen zu sprechen. Wenzel (1361-1419) wollte nur zu gern wissen, was seine Holde ihrem Beichtvater anvertraut hatte. Doch der schwieg. Er schwieg auch dann noch, als König Wenzel ihn foltern und in die Moldau werfen ließ. Der Körper des Toten wurde jedoch geborgen. Wie das vonstattenging, dazu gibt es zwei Versionen: Der ersten zufolge trocknete die Moldau aus, nach der zweiten Variante erschienen der Königin fünf leuchtende Sterne, durch die der Leichnam gefunden werden konnte. Eben jene Sterne, die auch die Nepomuksfigur auf der Alten Mainbrücke als Attri-but trägt. „Diese fünf Sterne stehen für fünf Buchstaben", sagt Wohlfahrt. TACUI, das bedeutet: „Ich habe geschwiegen." Seitdem wird Nepomuk meistens mit den Sternen dargestellt. Es gibt allerdings noch eine andere Variante der Geschichte, wie Joachim Schäfer im *Ökumenischen Heiligenlexikon* schreibt: „Historisch richtiger ist, dass Johannes in den Auseinandersetzungen zwischen König Wenzel und dem Prager Erzbischof Jenzenstein sein Schicksal erlitt." Der Erzbischof widerstand dem Plan des Königs, ein westböhmisches

Pst! Die Sterne, die den Kopf des heiligen Nepomuk schmücken, sind ein Symbol für sein Schweigen, wie Johannes Wohlfahrt weiß.

Bistum zu gründen „und dafür das Vermögen des Klosters Kladrau / Kladruby zu verwenden, indem er einen neuen Abt für das Kloster ernannte, was Johannes Nepomuk als Generalvikar bestätigte." Der Erzbischof und Johannes wurden verhaftet, und während es dem Erzbischof gelang zu fliehen, wurde Nepomuk vom König mit Fackeln in Brand gesteckt und schließlich in die Moldau geworfen. „Die Geschichte vom schweigsamen Beichtvater der Königin berichtet erstmals Thomas Ebendorfer in seiner Kaiserchronik um 1450", schreibt Schäfer. Und: „In der Überlieferung wurde er zunehmend das ideale Gegenbild zum tyrannischen Herrscher Wenzel."

Der Legende zufolge musste Nepomuk also sterben, weil er sein Versprechen – das Beichtgeheimnis zu wahren – hielt. Dass seine Sterne, die an dieses Versprechen erinnern, auch über der Alten Mainbrücke leuchten, hat eine ganz besondere Bedeutung. Denn ausgerechnet König Wenzel IV., der Nepomuk der Legende zufolge ermordete, weil der sein Versprechen hielt, brach in Würzburg das Seinige: Er war nämlich anno 1397, vier Jahre nach Nepomuks Tod zu Gast in der Stadt am Main und fand so großen Gefallen an ihr, dass er Würzburg die Reichsunmittelbarkeit versprach. Doch kaum hatte er die Stadt verlassen, widerrief er sein Versprechen wieder.

Daran erinnert an der Eingangstür des Wenzelsaals im Rathaus der Reichsadler mit einem zerbrochenen Zepter als Symbol des gebrochenen Versprechens. Und über der Alten Mainbrücke leuchten Nepomuks Sterne, die sagen: Ich habe geschwiegen.

So geht's zum Kranz:

Der Brückenheilige ist von der Innenstadt aus gesehen die vierte Figur auf der Nordseite der Alten Mainbrücke und an seinem Sternenkranz unschwer zu erkennen.

Wandgemälde
Durch die ganze Welt nach Würzburg

Lächelnd wendet die Frau ihr Gesicht in Richtung Haustür. Ihr langer, geflochtener, dunkler Zopf liegt über ihrer Schulter, im Haar steckt ein Diadem. Die Augen sind geschlossen. Eine Schönheit ist sie nicht, dazu sind ihre Züge zu scharf und prägnant, aber sie ist interessant anzusehen. Und in der Tat sah die hier Dargestellte im wirklichen Leben nicht so aus: Helena Petrovna Blavatsky (1831-1891) war deutlich runder und gedrungener. Doch Künstlerin Renate Jung hat sie ihrer Vorstellung entsprechend dargestellt, maßgeblich dafür waren Blavatskys Werke und ihr Schaffen, das sich im okkult-esoterischen Bereich bewegte.

„Die bei ihrem Großvater, einem hohen Regierungsbeamten, im russischen Großreich aufgewachsene Helena hatte schon als Kind ein ausgeprägtes Interesse für Esoterik", sagt Renate Jung. Blavatsky war davon überzeugt, eine Art Medium zu sein und Worte von Verstorbenen zu empfangen, die sie aufschreiben soll. Angeregt von der umfangreichen Bibliothek ihres Urgroßvaters, eines Freimaurers mit rosenkreuzerischer Ausrichtung, widmete sie ihr Leben zunächst der Erforschung verschiedener spiritueller Richtungen, um schließlich selbst eine solche zu gründen.

Sie reiste viel und immer hatten ihre Reisen das gleiche Ziel: das spirituelle Leben des Ortes kennenzulernen. „In Québec untersuchte sie zum Beispiel den indianischen Schamanismus, in New Orleans den Voodoo-Kult, im Nahen Osten befasste sie sich mit den Drusen-Mysterien", schildert die Künstlerin den Forschungsdrang der jungen Frau. Ihre Studien flossen 1875 in die Gründung des „Miracle-Clubs", den sie zusammen mit dem Juristen Henry Steel Olcott (1832-1907) ins Leben rief und der in die Theosophical Society (Theosophische Gesellschaft) überging. Rudolf Steiner (1861-1925) trat 1902 der Deutschen Sektion der Theosophischen Gesellschaft bei. Die Satzung sah vor, „Wissen über die Gesetze, welche

Renate Jung vor dem Gemälde für Helena Petrovna Blavatsky, das sie einst geschaffen hat.

das Universum beherrschen, zu sammeln und zu verbreiten". Nun sollten keine Botschaften aus dem Jenseits mehr empfangen und übermittelt werden, stattdessen wolle man sich „alte Geheimlehren" aneignen und eine neue Weltreligion schaffen. 1879 reisten Olcott und Blavatsky nach Indien, wo sie drei theosophische Prinzipien ausarbeiteten, die bis heute die Grundlage der Theosophischen Gesellschaft sind: zum einen die Bildung eines Nucleus einer Universellen Bruderschaft ohne Unterschied von Rasse, Glaubensbekenntnis, Geschlecht, Kaste und Hautfarbe. Zum anderen die Förderung vergleichender Studien der Weltreligionen, Philosophie und Naturwissenschaften. Und drittens die Erforschung bisher unentdeckter Naturgesetze und psychischer Kräfte des Menschen.

Helena von Blavatsky konvertierte zum Buddhismus und widmete sich der Arbeit an ihrer „Geheimlehre", die sich auf den Buddhismus, den Hinduismus und andere Weisheitslehren gründete. Sie hatte viele Anhänger und Bewunderer, die Theosophische Gesellschaft wuchs. Immer wieder jedoch wurde sie des Plagiats und des Betrugs bezichtigt, 1884/85 wurden die Vorwürfe so schwerwiegend, dass sie, zumal schwer erkrankt, regelrecht aus Indien fliehen musste. Noch im selben Jahr kam sie nach Würzburg und lebte in dem Haus, auf das heute das Porträt aufgemalt ist. Dort vollendete sie auch ihre *Geheimlehre*. „Man kann also sagen, dass diese Geheimlehre in Würzburg fertiggestellt wurde",

Die hier porträtierte Frau sah in Wirklichkeit runder und gedrungener aus.

sagt Renate Jung. Und das sollte nach dem Willen des Hausbesitzers nicht in Vergessenheit geraten. Deshalb wurde die bekannte Würzburger Künstlerin damit betraut, ein Konterfei der Helena von Blavatzki auf die Hauswand zu malen. Das Porträt zeigt eine junge Frau. Als sie nach Würzburg kam, war Blavatzky jedoch schon recht betagt – und gebrochen, als Hochstaplerin verschrien und gejagt.

„Man kann also sagen, dass diese Geheimlehre in Würzburg fertiggestellt wurde."

Doch wenn sie am Ende ihres Lebens auch einsam gewesen sein mag: Ihr Wirken blieb nicht ohne Folgen: Die von ihr gegründete Theosophische Gesellschaft bekam durch Rudolf Steiner eine andere Ausrichtung. Er entwickelte sie zur Anthroposophie weiter und schuf unter anderem das pädagogische Konzept, das die Grundlage der Waldorfschulen bildet. Eine solche wird heute auch in Würzburg von unzähligen Schülern besucht. Allein: Mit Geistern, wie Blavatsky das tat, spricht hier niemand. Dem *Geistigen* jedoch fühlt man sich verpflichtet.

So geht's zum Wandgemälde:

Es befindet sich am Haus Ludwigstraße 6.

Drache
Das Geld in den Rachen geworfen

Immer wenn Würzburgs Kämmerer Robert Scheller dieses mit zahlreichen Abbildungen und Schmuckelementen verzierte Steintor passieren muss, kann er sich ein Kopfschütteln nicht verkneifen: Da schaufelt doch tatsächlich ein Mann – es soll einer von Schellers Vorgängern im Amt oder sogar der Bürgermeister sein – einem Drachen mit einer großen Schippe Geld in den Rachen! Hinter ihm stehen Bürger, die dem gefräßigen Tier auch noch allerlei Dinge zum Verschlingen anbieten. „Der Drache, eine Allegorie auf die Stadt, scheint wohl unersättlich zu sein und sich nicht einfach nur mit Geld zufriedenzugeben", deutet der Kämmerer das dargestellte Geschehen.

Dem von Berufs wegen sparsamen Scheller behagt eine solche Darstellung freilich gar nicht. Wobei er sie andererseits irgendwie nachvollziehen kann, vor allem, wenn der Drache eine Allegorie auf die Stadt sein soll: „Man hat schon manchmal das Gefühl, dass die Stadt unersättlich ist. Auch wenn viel Geld da ist, reicht es manchmal trotzdem nicht, weil der Bedarf einfach so hoch ist." Alle Bedürfnisse zu befriedigen und dann noch ausreichend Rücklagen zu bilden, das ist der tägliche Balanceakt des Finanzdezernenten: den Drachen zufriedenzustellen, ohne den Stadtsäckel zu weit zu öffnen. Würde sich der Torbogen am Eingang zum Finanzreferat befinden, wäre das ein durchaus nachvollziehbarer Standort und könnte als tägliche Erinnerung an diese nicht ganz einfache Aufgabe und gleichermaßen als mahnender Zeigefinger verstanden werden. Doch das Tor steht nicht in der Nähe von Schellers Amtszimmer, sondern am Durchgang zum Bürgerbüro.

> *„Der Drache, eine Allegorie auf die Stadt, scheint wohl unersättlich zu sein und sich nicht einfach nur mit Geld zufriedenzugeben."*

Stadtkämmerer Robert Scheller hält den Stadtsäckel eher verschlossen. Geld mit vollen Händen auszugeben, wie das der Mann auf dem Torbogen über ihm tut, ist ihm fremd.

Was hat es dort zu suchen? Soll es die Besucher vielleicht zu besonderer Sparsamkeit ermuntern?

„Nein", lacht Scheller. „Der Standort ist historisch bedingt. Bis 2007 befand sich dort, wo jetzt das Bürgerbüro ist, die Stadtkasse." Und im Gegensatz zu heute habe es dort auch viel Zahlungsverkehr mit Bargeld gegeben: „Die ganzen Einzahlungen erfolgten früher in bar, die Menschen haben hier ihre Steuern beglichen."

Eine durchaus selbstironische Darstellung also, besonders hinsichtlich der Steuern, denn auch die Bürger mussten mit dem, was sie dem gefräßigen Drachen in den Rachen warfen, dazu beitragen, dass er satt wird und zufrieden ist. Und in gewissem Sinne gilt das ja auch noch heute – denn wer zahlt schon gerne Steuern!

Der gefräßige Drache ist einfach nicht sattzukriegen.

So geht's zum Drachen:

Er verschlingt das städtische Geld auf dem Torbogen, der den Durchgang zum Bürgeramt bildet. Der kürzeste Weg dorthin ist der Eingang von der Rückermainstraße aus.

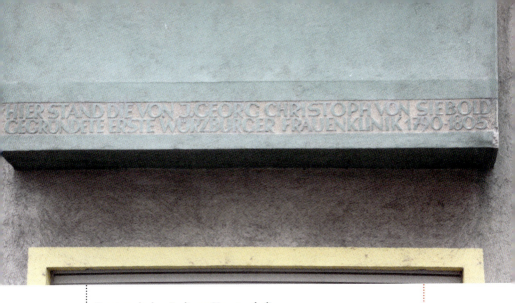

Kaum zu glauben: In diesem Haus wurde die Würzburger Frauenklinik gegründet.

Frauenklinik-Inschrift
Der erste Kaiserschnitt in der Stadt

42

Man muss wissen, wo sich die Inschrift befindet, um eine Chance zu haben, sie zu entdecken. „Hier muss sie irgendwo sein", sagt Willi Dürrnagel und starrt angestrengt die Fassade hinauf. Und dann ist sie gefunden: Sehr klein, grün auf braunem Grund, steht im unteren Bereich eines kleinen Erkers geschrieben: HIER STAND DIE VON J. GEORG CHRISTOPH VON SIEBOLD GEGRÜNDETE ERSTE WÜRZBURGER FRAUENKLINIK 1790-1805. „Dass die Frauenklinik so frühe Ursprünge hat, ist weitgehend unbekannt", erzählt der Stadtrat. Und wer würde denken, dass hier 1792 der erste Kaiserschnitt in Würzburg durchgeführt wurde?

Johann Georg Christoph von Siebold (1767-1798) ließ seinen ersten Vornamen meistens weg und nannte sich Georg Christoph oder auch nur Christoph. Ob nun Johann, Georg oder Christoph:

Der beeindruckende Mann war jedenfalls ein echter Würzburger: Hier kam er 1767 zur Welt, und als er 1798 in der Stadt am Main seinen letzten Atemzug tat und im Alter von gerade einmal 31 Jahren an Tuberkulose verstarb, hatte er mehr erreicht als manch anderer in der dreifachen Lebenszeit.

Im Oktober 1790 ernannte ihn der Würzburger Fürstbischof zum Extraordinarius für allgemeine Heilkunde, Diätetik und Geburtshilfe: „Durch seine Erfolge während des Studiums hatte er Aufsehen erregt, und Vater Siebold konnte deshalb den Fürstbischof von Würzburg bewegen, dem Sohn am 28. Oktober 1790 die außerordentliche Professur für allgemeine Heilkunde, Diätetik und Geburtshilfe an der Universität Würzburg zu übertragen. Dafür erhielt Christoph Siebold 200 Taler von der Universitätskasse. Außerdem war ihm freigestellt, Privatvorlesungen aus allen Teilen der medizinischen Wissenschaft anzukündigen", ist im Buch *Die Würzburger Siebold* zu lesen.

Schon im gleichen Winter begann er an der Universität zu lehren und sorgte dafür, „daß das Freihaus am Inneren Graben, in dem die Stadthebamme wohnte, provisorisch als Geburtshaus eingerichtet wurde". Die Eröffnung fand am 17. Dezember 1791 statt, „vier Tage später kam die erste Geburt vor, am 2. Februar 1792 führte Siebold den ersten Kaiserschnitt aus", ist dem Buch über die Siebolds zu entnehmen. Und weiter: „Für gewöhnlich konnten acht arme Schwangere aufgenommen werden, die aus der Kasse der Medizinstudenten Unterstützung für Kost und Wäsche erhielten. Jährlich fielen zwischen 24 und 30 Geburten vor."

Und Siebold half in dem Geburtshaus nicht nur Frauen, ihre Kinder auf die Welt zu bringen, er erteilte seinen Studenten auch praktischen Unterricht in Entbindungskunde und „klinische[r] Behandlung von erkrankten Kindbetterinnen und Neugeborenen [...]. Bei schweren Geburten wurde Siebolds Geschicklichkeit oft geprüft und bestätigt. Er besaß eine wohlgebildete Hand, zeigte bei den Geburten eine eiserne Geduld und griff nur selten zu Instrumenten", steht im Siebold-Buch.

Dass seine Schützlinge eine gute Ausbildung erfuhren, war Siebold extrem wichtig. Er legte zum Beispiel gesteigerten Wert darauf, dass die Medizinstudenten in einem klinischen Tagebuch ihre Beobachtungen über die Patienten festhielten. Auch sich selbst bildete er fort: Er verschaffte sich Eindrücke von anderen Krankenhäusern, indem er unter anderem die Hospitäler von Wien, Verona, Venedig und Padua besuchte. Zu diesem Zweck bat er den Fürstbischof im August 1792, auf dessen Kosten eine Studienreise unternehmen zu dürfen. Der Fürstbischof hat das Ansinnen „recht gern verstattet" und noch 200 Reichstaler draufgelegt.

„*Er war erst 28 Jahre alt, als er ein geburtshilfliches Standardwerk vorlegte.*"

Siebold war ungemein emsig: „Er war erst 28 Jahre alt, als er ein geburtshilfliches Standardwerk vorlegte", sagt Willi Dürrnagel. In dem Buch *Systematische Darstellung der Manual- und Instrumental-Geburtshülfe* fasste er seine Erfahrungen zusammen. Der Fleiß zahlte sich aus, mit der Karriere ging es immer weiter bergauf. 1795 wurde Siebold zum ordentlichen Professor der Medizin und Geburtshilfe und zum Zweiten Arzt am Juliusspital berufen, es folgte ein Lehrstuhl in Physiologie, 1796 wurde er Erster Spitalarzt, nebenher betrieb er auch noch eine Privatpraxis und kümmerte sich um die Patienten in der sogenannten Irrenabteilung.

Dass seine Frauenklinik umzog, sollte er nicht mehr mitbekommen, denn dieser Umzug ereignete sich sieben Jahre nach seinem Tod. „1805 war die Klinik im Inneren Graben zu klein geworden, Elias von Siebold, sein jüngster Bruder verlegte sie in das Haus Klinikstraße 6, auch eine Hebammenschule war fortan angegliedert", sagt Willi Dürrnagel. Und diese Klinik erarbeitete sich in den Folgejahren einen guten Ruf: 1819 wurden hier Mittel gegen Kindbettfieber entwickelt. 1855 bekam die Klinik eine Außenstelle, als sechs bis acht Plätze für Frauen auch im Juliusspital zur Verfügung gestellt wurden. „Wilhelm Scanzoni von Lichtenfels, der Erfinder der Geburtszange, stellte die Plätze zur Verfügung", erklärt Dürrnagel. Scanzoni war es auch, unter dem 1857 der erneute Umzug der Frauenklinik in das benachbarte Gebäude Klinikstraße 8 erfolgte, das immer weiter ausgebaut wurde: 1890 wurde ein Hörsaaltrakt angebaut und das Haus aufgestockt. Trotz aller Erweiterungen wurde es auch hier zu eng, weshalb sich der Lehrstuhlinhaber für Frauenheilkunde, Carl Joseph Gauß (1875-1957), dafür einsetzte, dass in den Jahren 1932 bis 1934 ein Neubau erfolgte: „In diesem Augenblick wartet die Würzburger Universität noch auf das ihr zum bevorstehenden Jubiläum verheißene Geschenk der Grundsteinlegung einer neuen Frauenklinik. Sie würde den Beginn eines neuen geburtshilflich-gynäkologischen Weiterstrebens an der ‚Academia Sieboldiana' darstellen", schrieb Gauß. Das Geschenk kam: Das Ministerium genehmigte 1932 den Neubau, im Juli 1932 erfolgte der Spatenstich, im Dezember des gleichen Jahres wurde Richtfest gefeiert und im November 1934 zog man in den Anbau nordöstlich des Luitpoldkrankenhauses um. 180 Patientinnen fanden darin Platz, die Presse feierte die Klinik damals als „modernste Frauenklinik Deutschlands" – 2017 verzeichnete die Frauenklinik pro Jahr 1983 Geburten und hatte 47 Mitarbeiter.

Was für einen wichtigen Grundstein der gar zu früh verstorbene Johann Georg Christoph von Siebold da doch 1790 gelegt hatte!

„Dass die Frauenklinik so frühe Ursprünge hat, ist weitgehend unbekannt."

So geht's zur Frauenklinik-Inschrift:

Sie befindet sich am Gebäude Innerer Graben 18 im unteren Bereich des grünen Erkers.

Uwe Dolata hat sich einen Scherz erlaubt und ein leeres Bierglas besorgt, um zu demonstrieren, wofür dieses Fenster einst gut war.

Bierfenster
Zapfstelle für den Gerstensaft

43

Uwe Dolata hat Pech: So lange er sein leeres Bierglas auch an das ehemalige Fenster hält – kein Tropfen des kühlen Gerstensafts fließt hinein. Kein Wunder: Das Fenster ist zugemauert, das Pförtnerhäuschen verwaist. Bier wird hier schon lange nicht mehr gebraut, stattdessen Kultur gemacht, auch Uwe Dolata und seine Frau Silvia sind hier aktiv. Vor ein paar Jahrzehnten war das noch anders: Wer mit seinem Bierkrug zu diesem Fenster ging, hatte durchaus Chancen, nicht enttäuscht zu werden. Denn auf dem Gelände war das Würzburger Bürgerbräu beheimatet, dem Uwe Dolata bescheinigt, seinerzeit „eine der modernsten Brauereien Europas" gewesen zu sein. „In dem Gebäude direkt neben dem Pförtnerhäuschen befand sich das Sudhaus", nähert er sich dem Geheimnis. „Und von diesem gab es eine Leitung in das kleine Pförtnerhäuschen. Durch die Leitung floss das noch obergärige Bier in die Gläser der Mitarbeiter. Denn der Pförtner hatte nicht nur die Aufgabe, Gäste und Lieferanten zu begrüßen, nein, er schenkte auch ganztägig den nicht endenden Haustrunk an die Mitarbeiter aus. Und Dolata weiß noch mehr: „Jeder Brauereimitarbeiter trug einen Krug am Gürtel und hatte das Recht, sich so viel Bier zu holen, wie er nur wollte." Ein Zeitzeuge habe ihm berichtet, dass der „Krug immer am Mann" war und so mancher auch mit einem Rausch nach Hause kam. „Der Bierausschank war tatsächlich unbegrenzt und es wurde auch während der Arbeitszeit schon mal über den Durst getrunken. Der Krug war zunächst am Gürtel, befüllt wurde er dann irgendwo abgestellt und störte nicht."

Das Bier, das die Mitarbeiter *nicht* tranken, landete im Kühlhaus, das ist jenes Gebäude, das den Hof Richtung Osten abgrenzt. Hier wurde Eis hergestellt und das Bier in einer Wanne gekühlt. „Das ganze Haus war schon elektrisch versorgt", sagt Dolata. „Und das 1896, als es in Würzburg noch kein Elektrizitätswerk gab."

Die Geschichte des Unternehmens „Bürgerbräu" beginnt im Jahr 1809, als der Winzer und Schultheiß Kilian Lauck in Zell am Main eine Bierbraukonzession erwirbt und das einstige Weinhändlerpalais zur Brauerei umbaut. 1815 wird sein „Brauhaus Zell am Main" eröffnet und 1832 von Michael Böhnlein übernommen. Der schlägt schon eine erste Brücke in die Würzburger Zellerau, indem er in der Frankfurter Straße einen Lagerkeller bauen lässt. Gebraut wird nach wie vor in Zell am Main. Das ändert sich, als die Familie Kinzinger ins Spiel kommt: Karl Anton Kinzinger kauft die Brauerei im Jahr 1840 gemeinsam mit einem Mann namens Wiskemann, modernisiert und verkauft sie schließlich 1877 an Johann Baptist Kinzinger und Gustav d' Henglière. Nach und nach zieht die Brauerei bis 1966 ganz nach Würzburg und nennt sich von da ab „Bürgerliches Brauhaus Zell-Würzburg Kinzinger & d'Henglière".

Würzburg ist zu jener Zeit eine echte Bierstadt: Im 19. Jahrhundert befinden sich hier zwölf Brauereien. „Auch gibt es mehr öffentliche Bierkneipen als Weinschenken", wie Dr. Christian Naser in einem Aufsatz über die Geschichte der Brauerei schreibt. Kein Wunder, dass der Laden brummt und das Unternehmen wächst – zumal das Bier nicht nur in Unterfranken schmeckt: Das Würzburger Bürgerbräu ist die erste Brauerei Bayerns, die in die USA exportiert. Doch der Erste Weltkrieg und die darauffolgende Weltwirtschaftskrise macht den Brauereien schwer zu schaffen, viele müssen nun schließen, kostet eine Maß Bier 1923 doch stolze 520 Milliarden Mark – und keiner hat Geld.

Der Zweite Weltkrieg tut ein Übriges: Nach Kriegsende gibt es in Würzburg nur noch zwei Brauereien: das Würzburger Hofbräu und das Bürgerbräu. 1972 übernimmt der Brauereiriese „Patrizier Bräu Nürnberg" und investiert 1984 eine halbe Million Mark. 1986 feiert man noch 100 Jahre Würzburger Brautradition, doch schon drei Jahre später, am 19. Dezember 1989 wird im Bürgerbräu zum letzten Mal gebraut, nachdem es schon Monate zuvor Gerüchte über eine oder eine bevorstehende Insolvenz gegeben hatte.

Die Stadt erwirbt das Gelände und weite Teile liegen im Dornröschenschlaf, aber nach erfolgter Privatisierung blüht das Areal nun zu einem Kulturzentrum auf. Spätestens seit diesem Zeitpunkt ist das Fenster am Pförtnerhäuschen zugemauert und es fließt kein Bier mehr in die Gläser von Brauereimitarbeitern. Stattdessen fließen jede Menge Ideen aus den Köpfen all jener, die hier arbeiten. Denn aus der ehemaligen Brauerei ist ein Kulturzentrum geworden, ein Ort für kreative Menschen. Hier passiert Kunst, hier findet Austausch statt. Und wer Durst bekommt, wird ebenfalls nicht enttäuscht: Ein Café gibt's schließlich auch und im Sommer ist sogar der Innenhof bestuhlt. Dann kann man hier sitzen und mit Blick auf das ehemalige Sudhaus Getränke konsumieren. Bier gibt's hier auch wieder – sein Glas muss aber niemand selbst mitbringen.

So geht's zum Bierfenster:

Es befindet sich auf dem Gelände des Kultur- und Kreativzentrums Bürgerbräu, Frankfurter Straße 87, gleich wenn man auf das Gelände fährt auf der rechten Seite, am einstigen Pförtnerhäuschen.

Brunnen
Unfreiwillig zum Geschäftserfolg verholfen

Nur ein Brunnen ist noch geblieben. Ein Brunnen, der an einen Mann erinnert, der viel für Würzburg getan hatte, bis er vertrieben wurde. Ein Brunnen, der im weitesten Sinne auch mit dem Versand-Warenhaus Neckermann in Verbindung steht. „Josef Neckermann ist wohl in Deutschland sehr bekannt", sagt Stadtheimatpfleger Dr. Hans Steidle. „Bei Neckermann konnte man so ziemlich alles bestellen – und er stammte auch aus Würzburg. Aber eigentlich will ich Ihnen gar nichts über Neckermann erzählen, sondern über den, der ihm, unfreiwillig, zu seinem Geschäftserfolg verhalf, und das war Siegmund Ruschkewitz." Eben der Mann, an den der Brunnen erinnert.

1871 als Kind jüdischer Eltern in Danzig geboren, kam er noch kurz vor der Jahrhundertwende mit seiner Frau nach Würzburg und gründete ein Warenhaus, zuerst am Dominikanerplatz, dann in der Schönbornstraße 3, wo heute der Kaufhof steht. Ruschkewitz verkaufte zunächst vor allem Textilien und Haushaltsgegenstände. Später entwickelten sich verschiedene Spezialabteilungen und die Würzburger erwarben in seinem Kaufhaus auch Bücher, Devotionalien, Grammophone, Schallplatten, Radiogeräte und vieles mehr. „Es war ein großes Kaufhaus, in dem man alle modernen Waren bekam, die in den 20er-Jahren in einer wachsenden Konsumgesellschaft auch begehrt und nachgefragt waren", fasst der Historiker zusammen. Siegmund Ruschkewitz besaß einen ausgezeichneten Ruf. Er behandelte seine 130 Angestellten so gut, dass er damit von sich reden machte, veranstaltete zu Weihnachten Feiern für kleine Kinder, war freundlich, offen und in der Würzburger Gesellschaft gut integriert.

Dank seines blühenden Geschäfts konnte der Unternehmer sich ein gutes Leben leisten: Er hatte eine repräsentative Wohnung in der Ludwigstraße und ein großes Grundstück im Steinbachtal

Dieser Brunnen wurde einst von einem großen Unternehmer gestiftet.

mit einem wunderschönen Garten, in dem ein Haus im Schweizer Stil stand. „Es war ein kleines Paradies für ihn, seine Frau und seine vier Söhne", fasst Steidle zusammen.

Und nun kommt der Brunnen ins Spiel: Als er seinen Garten anlegte, setzte der Unternehmer sich auch mit der Gartenkultur auseinander und stieß auf einen Brunnen, der ihm so gut gefiel, dass er ihn spontan kaufte und der Stadt schenkte. „Die stellte ihn auch auf, nämlich im Glacis, zwischen dem Sanderrasen und der Altstadt, und da steht er heute noch. Und das ist das Einzige, was direkt von ihm blieb", sagt Steidle. Denn die gute Zeit sollte für den Unternehmer bald vorüber sein.

Zwar eröffnete der Kaufmann 1931 noch ein weiteres Geschäft in der Eichhornstraße, doch zwei Jahre später ergriffen die Nationalsozialisten die Macht. „Die NSDAP polemisierte von Anfang an gegen Siegmund Ruschkewitz als jüdischem Warenhausbesitzer und versuchte, ihn in der Öffentlichkeit schlecht zu machen", berichtet Steidle. „Nicht nur, dass Boykottaktionen gegen ihn gerichtet waren, nein, Kunden, die trotzdem zu ihm kamen, wurden fotografiert und die NSH, die damalige Handelsgesellschaft der nationalsozialistischen Partei, verbot ihm verschiedene Warenkategorien. Weihnachts- und Ostergeschenke sollte ein Jude nicht verkaufen dürfen", erzählt Steidle.

Stadtheimatpfleger Hans Steidle steht vor dem Ruschkewitz-Brunnen.

Doch es kam noch schlimmer: Im Jahr 1935 eröffnete ihm seine Hausbank, dass er die üblichen Sommerkredite für den Ankauf für das Wintergeschäft nicht mehr bekommen werde, er sei zu hoch verschuldet. „Damit war für Siegmund Ruschkewitz klar, dass er keine ökonomische Zukunft in Würzburg hatte, er musste verkaufen", betont der Historiker. Dieser Verkauf stand von vornherein unter der wirtschaftlichen Kontrolle der NSDAP, 150.000 Reichsmark wollte der Kaufmann für ein Geschäft haben, das einen Jahresumsatz von einer Million hatte, das war natürlich schon weit unter Wert." Es fand sich ein Käufer: Josef Neckermann, knapp über 20 Jahre alt, Sohn eines Würzburger Kohlenhändlers, bestens ausgebildet.

„Das Pikante an der Sache war, dass Ruschkewitz' jüngster Sohn Hans mit Neckermann befreundet gewesen war, auch die anderen Söhne waren in Würzburg bestens integriert." Neckermann habe ungefähr 50.000 Reichsmark bezahlt, sagt Steidle. „Er behauptete anschließend, dass Ruschkewitz ihm nach dem Abschluss einen Blumenstrauß übergeben und sich dafür bedankt habe, dass er das Geschäft übernommen hat." Das, erklärt Steidle, sei aber nicht belegt. Siegmund Ruschkewitz zog nach Berlin, 1940 bekamen seine Frau und er noch Plätze in einem der letzten Flüchtlingsschiffe nach Palästina. Sie wollten zu dem dort lebenden Sohn Fritz emigrieren, starben jedoch in Heraklion an Typhus.

Hans Steidle hat schon viel über Ruschkewitz gelesen, referiert und auch geschrieben, dessen Geschichte berührt ihn jedes Mal wieder aufs Neue. Eine Geschichte, die beklommen macht. Besonders dann, wenn man sie sich vor dem wunderschönen, fröhlich sprudelnden Brunnen am Sanderring vor Augen hält, den Ruschkewitz der Stadt schenkte.

So geht's zum Brunnen:

Er steht im Ringpark am Sanderring in der Nähe der Universität.

An der Residenz sind noch alte Gaslaternen erhalten.

45

Gaslaterne
Als den Kilianibesuchern ein Licht aufging

„Das hier", sagt Jürgen Dornberger und es klingt fast ein wenig stolz, „das hier ist unser ältestes Ausstellungsstück, eine original Würzburger Pechleuchte." Er steht im Eingangsbereich des Betriebsmuseums der Würzburger Versorgungs- und Verkehrsbetriebe GmbH (WVV) im Alten Gaswerk hinter dem Bahnhof. Dort sind auf mehreren Stockwerken unzählige Schätze zusammengetragen, die aus der Versorgungsgeschichte Würzburgs stammen. Relikte, die Mitarbeiter der WVV oder auch viele Privatleute vor dem sicheren Ende auf der Müllkippe retteten. Relikte wie diese Pechleuchte. „In Würzburg gibt es an den Häusern keine Pechleuchten mehr – dafür besitzt die Würzburger Straßenbeleuchtung aber etwas anderes, das an die Beleuchtungsgeschichte erinnert: die Gaslaternen an der Residenz."

Doch bevor Jürgen Dornberger sich der spannenden Geschichte der Gaslaternen widmet, will er erst noch ein paar Sätze zu der Pechleuchte verlieren. „Sie ist aus dem Jahr 1650, aber vermutlich gab es auch schon früher solche Exemplare in Würzburg, ab 1600 wahrscheinlich", sagt er. Die Bedienung war ganz einfach: Die Pechleuchten konnten mit einem Scharnier wie Fensterläden zum Haus hin eingeklappt und so aus bequemer Entfernung neu befüllt werden. Für strahlende Helligkeit in den Straßen sorgte das allerdings nicht: Für die Mitte des 19. Jahrhunderts zeichnet Werner Dettelbacher, Autor zahlreicher bedeutender Bücher zu Würzburgs Geschichte, folgendes Bild: „Noch stieß man im Dunkel mit Betrunkenen zusammen, büßte in einer stillen Ecke seinen Geldbeutel ein, bekam nicht selten den Inhalt eines Nachttopfs über den Hut gegossen, denn wo das ‚Auge des Gesetzes' nichts sehen konnte, da vermochte es auch nicht zu wachen."

„Doch 1855 konnten die Kilianibesucher dann endlich sicher nach Hause gehen", sagt Dornberger schmunzelnd. „In diesem Jahr bekam die Stadt nämlich eine eigene Gasversorgung." Und ihr auf dem Fuße folgten die Gaslaternen. Dabei war es dem Würzburger Johann Georg Pickel (1751-1838) doch schon anno 1784 gelungen, aus Tierknochen Gas zu gewinnen. Die Würzburger beäugten sein Tun damals aber nicht ohne Misstrauen. Werner Dettelbacher schreibt dazu: „Nachdem er wegen seiner Experimente mit Explosivstoffen, Feuerwerkskörpern, der Entwicklung eines elektrischen Feuerzeuges u.a. aus der Juliusspital-Apotheke hatte ausziehen müssen, wurde ihm weit vor der Stadt in den Weingärten ein eigenes Laborgebäude errichtet." Und eben „dort gelang es ihm, mit Knochengas den Hauptraum stundenweise zu erhellen. Eine größere Produktion, gar die Versorgung einer Leitung war mit seinen Mitteln nicht möglich, lag auch gar nicht in seinem Forschungsbereich."

Dass die Kilianibesucher 1855 im Hellen nach Hause gehen konnten, bedurfte aber umfangreicher Vorbereitungen: Schon im September 1849 inserierte die Stadtverwaltung in drei überregionalen Zeitungen, dass die „Konzession über Würzburgs Beleuchtung" ausgeschrieben werde und bat „höflichst" um Angebote.

Doch nur einer fühlte sich ernsthaft berufen – der war jedoch zu teuer, das Projekt wurde vertagt. Aber dann kam das Jahr 1853 und mit ihm der Augsburger Ingenieur Ludwig August Riedinger (1809-1879), der dem „Ehrsamen Rath" Zeichnungen nebst Kostenvoranschlag und Plänen zukommen ließ. Riedinger gelang es, die Würzburger zu überzeugen: Am 11. April wurde der Vertrag unterschrieben. Und an Kiliani war es dann endlich so weit. „Zu diesem Fest des Bistumspatrons strömten Tausende von Kirchenbesuchern aus den Dekanaten des Bistums herbei [...], als bei Eintritt der Dunkelheit sämtliche 616 Straßen- und 150 Hauslaternen entzündet wurden, konnte die Presse von ‚feenhafter Beleuchtung' sprechen [...]", schreibt Dettelbacher und fährt fort: „Städter wie Landbevölkerung waren des Staunens voll. Sie versprachen sich mehr Sicherheit auf den Straßen, denn die Zahl der Laternen war jetzt viermal so hoch wie zuvor, dazu die Ausstrahlung kräftiger und gleichmäßiger. Gasthausbesuch und Vereinsleben bekamen neue Impulse, da sich ängstlichere Gemüter nun auch abends vor die Haustüre wagten. Wohlgemerkt nur Männer und Jünglinge, denn alleine ausgehen durfte keine Frau, Hebammen und ‚Solchene' ausgenommen."

Und es gab durchaus auch Menschen, die argwöhnten, eine Straßenbeleuchtung werde das „Gesindel" eher noch dazu einladen, sich draußen herumzutreiben: „Da gibt es aus Köln eine ganz interessante Zeitungsnachricht, in der gegen die neue Gasstraßenbeleuchtung gewettert wird, das bringe dunkles Gesindel auf die Straße", erzählt Archivbetreuer

Jürgen Dornberger findet die alten Gaslaternen einfach faszinierend.

Dornberger schmunzelnd. Und auch Lausbuben brachten die neuen Laternen auf dumme Gedanken: „Es wurde schnell zum Sport unter Halbwüchsigen, die gläsernen Lampenschirme mit einem Stein zu treffen." Aus anderen Städten, zum Beispiel Heidelberg, ist auch bekannt, dass Studenten mit Feuereifer übten, nicht nur die Lampenschirme zu treffen, sondern die Gasflammen durch Tritte gegen den Mast zum Erlöschen zu bringen – was den Delinquenten dann gleich ein paar Tage Karzer einbrachte.

„Am 1. Dezember 1793 durften die Laternen 13 Stunden brennen."

Um solcherlei Scherzen entgegenzutreten, erließ der Würzburger Magistrat am 9. November 1855 eine Verordnung „zum Schutze der Gasbeleuchtung", in der er für jeden „eingelieferten Übeltäter" 25 Gulden Belohnung versprach. „Wie viel Erfolg diese Verordnung brachte, ist allerdings nicht bekannt", sagt Jürgen Dornberger. Dafür hat er im WVV-Archiv noch einen alten Laternenkalender, in dem genau geregelt war, wie lange nach Anbruch der Dunkelheit die Lampen brennen sollten. Der WVV-Archivbetreuer hat auch gleich ein Beispiel parat: „Am 1. Dezember 1793 durften die Laternen 13 Stunden brennen."

Die Elektrifizierung (siehe Geheimnis 29) machte dieser Form der Beleuchtung dann große Konkurrenz, heute sind in Würzburg nur noch rund 80 von einst 800 Gaslampen erhalten. Diese werden allerdings aus wirtschaftlichen Gründen Zug um Zug durch Stromleuchten ersetzt. 16 Gaslampen hängen an der Residenz und werden dort auch in Zukunft mit ihrem warmen Licht deren Besuchern den Weg nach Hause leuchten.

So geht's zu den Gaslaternen:

Besonders schöne befinden sich rechts und links des Haupteingangs der Residenz, die Pechfackel hängt im WVV-Archiv.

Das gewanderte Wappen des Fürstbischofs Johann von Greiffenclau.

46
Wappen
Die veränderte Alte Mainbrücke

Wenn das Magazin *GEO* die Alte Mainbrücke in Würzburg 2018 zu einer der zehn schönsten Brücken Deutschlands kürte, dann sprach es damit vielen Würzburgern aus dem Herzen – wobei die Alte Mainbrücke für die meisten Bürger natürlich nicht nur unter den „Top Ten" ist, sondern selbstverständlich auf Platz 1 rangiert. Von 1702 bis 1869 hatte das im 12. Jahrhundert von Baumeister Enzelin errichtete, mehrmals zerstörte und wiederaufgebaute Bauwerk noch eine ganz andere – vielleicht sogar prachtvollere – Wirkung als heute. Ob es deshalb schöner war, darüber lässt sich trefflich streiten, lebt die Brücke über den Fluss doch gerade auch von ihrer freien Blickachse zwischen Dom und Festung. Die war anno dazumal zwar nicht verbaut, aber um ein weiteres Bauwerk, durch das man hindurchblicken konnte, ergänzt: „Am westlichen Ende befand sich ein Brückentor", sagt der geschichtskundige Würzburger Dirk Eujen. „Es wurde 1702 gebaut und war mit prächtigen Schauseiten, Schießscharten und Geschützplattformen ausgestattet." Zweck des Brückentors und seiner Vorgängerbauten – die alte Mainbrücke war früher von zwei Türmen flankiert, die 1702 abgerissen wurden, also das gleiche Schicksal erlitten wie 1869 das linksmainische Brückentor – war, die Stadt gegen fremde Eindringlinge zu schützen. „Auf der Brücke gab es einst auch noch die Gotthard-Kapelle: Wenn der Fürstbischof zu Pferd in die Stadt ritt, konnte er sich dort sein Bischofsornat anziehen", sagt Eujen. Auch habe hier ein kleines Häuschen gestanden, in dem vor 1700 Brückenzoll erhoben wurde. Denn die heutige Domstraße war damals eine wichtige Handelsstraße. Erst seit Juni 1990 ist sie für den Verkehr gesperrt.

Baumeister des 1702 errichteten Tors waren entweder Antonio Petrini (1631-1701) oder Andreas Müller (1667-1720). In der Mitte über dem Tor prangte ein von Balthasar Esterbauer (um 1672-1728) geschaffenes Wappen des freundlichen, mitfühlenden, warmherzigen und

Dirk Eujen hat herausgefunden, wo sich dieses Wappen früher befand.

bauwütigen Fürstbischofs Johann von Greiffenclau (1652-1719), der sich, als das Tor gebaut wurde, in Amt und Würden befand. Und eben jenes Wappen ist heute noch erhalten, befindet sich aber an anderer Stelle. Bis es so weit kam, vergingen allerdings noch einige Jahrzehnte:

Nachdem 1856 die Festungseigenschaft der rechtsmainischen Stadt aufgehoben worden war, beantragte der Stadtmagistrat 1864 den Abbruch: „Das Tor selbst hat in ästhetischer Beziehung keinen Wert und es ist die freie Entwicklung des Verkehrs wichtiger als die Erhaltung eines so großen Hemmnisses", so das Argument. „Der

Antrag wurde seitens der Kommandantur abgelehnt, da die Festungseigenschaft des linksmainischen Mainviertels noch bestand. Doch man fand einen Kompromiss", sagt Eujen. Bis dahin hatte es nur eine große Tordurchfahrt gegeben, nun wurde seitlich rechts und links ein Fußgängertunnel durch die Kasematten gebrochen.

Als das Mainviertel 1867 schließlich ebenfalls entfestigt wurde, stand dem Abbruch nichts mehr im Wege, das Tor wurde 1869 abgetragen. Allerdings konnten einige Relikte gerettet werden: „Die beiden Krieger der Ostfassade finden sich heute im Mainfränkischen Museum und die ehemaligen Scheitelsteine – Fratzen – sind am Treppenaufgang zur Tivolistation der Firma Buchner eingebaut", sagt Dirk Eujen.

Die beiden Kriegsgöttinnen der Westfassade – Pallas Athene und Minerva – gingen auf eine weite Reise und stehen heute im Gartenpark eines rheinischen Fabrikanten in Wuppertal-Elberfeld. Und das von Greifen eingerahmte Wappen des Fürstbischofs Johann von Greiffenclau, das sich an der Ostfassade befand, hängt jetzt über einem anderen Durchgang. Besonders Menschen, die gern im Biergarten „Goldene Gans" zu Gast sind, kennen es: Es befindet sich über der Unterführung, durch die durstige Radler, hungrige Wanderer und Sonnenanbeter zu dem idyllisch gelegenen Platz am Fluss gelangen. Weil es an der dem Main zugewandten Seite hängt, sieht man es allerdings erst, wenn man den Biergarten wieder verlässt. Sozusagen als krönenden Abschluss.

So geht's zum Wappen:

Es befindet sich unterhalb der Saalgasse über der Fußgängerunterführung zum Biergarten des Gasthauses Goldene Gans.

Wie verwunschen stehen die beiden Torsos verlassen unter großen Bäumen.

Torsos
Ein Denkmal für den Prinzregenten

Wer am Hauptbahnhof ankommt oder von dort abreisen will, hat es meist eilig. Der eine muss seinen Zug erwischen, der andere will schnell zu seinem Ziel in Würzburg. Vor dem Bahnhof warten Busse, Straßenbahnen, Taxen und Privatwagen darauf, die Reisenden an ihren Bestimmungsort zu bringen. Hier wird also kaum jemand lange verweilen. Und deshalb wird sich auch kaum jemand über die beiden mächtigen Skulpturen wundern, die, hinter Büschen und unter Bäumen versteckt, auf der Grünfläche vor dem Bahnhof stehen und so wirken, als seien sie zufällig dort abgestellt und vergessen worden. Es handelt sich dabei um ein Überbleibsel des Prinzregentendenkmals von 1903.

Dieses Denkmal wurde für den von den Würzburgern so geliebten Prinzregenten Luitpold (1821-1912) errichtet, der, in der Residenz geboren, ein echtes Würzburger Kind war. Denn seine Eltern, Kronprinz Ludwig (1786-1868) und dessen Gattin Therese von Sachsen-Hildburghausen (1792-1854), residierten dort regelmäßig von 1816 bis zur Thronbesteigung 1825. Schließlich war Würzburg zwei Jahre vorher zu Bayern gekommen und es galt, die Franken an die Wittelsbacher zu binden und auch die eigene Verbundenheit des Hauses mit den neubayerischen Gebieten zu zeigen. Luitpold wurde eine solide Ausbildung bei Hauslehrern zuteil, in jungen Jahren kam er zur Armee und im Alter von 65 Jahren übernahm er schließlich die Regierungsgeschäfte, nachdem er seinen Neffen Ludwig II., der als Märchenkönig in die Geschichte eingehen sollte, als geisteskrank hatte erklären lassen. Denn der König benahm sich wirklich seltsam. Er agierte nur noch nachts, seine Mitarbeiter durften ihn nicht ansehen. Der Arzt, der diese Geisteskrankheit diagnostizierte, hatte ihn allerdings nie untersucht. Luitpold unterschrieb eine Vollmacht, mit der dem Psychiater – sein Name war Dr. Bernhard von Gudden (1824-1886) – gestattet wurde, Ludwig in seine Obhut zu nehmen. Dort starb der König auf mysteriöse Weise, ebenso wie der Mediziner. Beide wurden tot im Starnberger See aufgefunden.

Zwar ließ Luitpold sich nie krönen, übernahm aber als Reichsverweser die Regierungsgeschäfte. Die *Süddeutsche Presse* schrieb im Juni 1886: „Prinz Luitpold soll nicht geneigt sein, die Krone anzunehmen, sondern vorziehen, die Regentschaft im Namen seines Neffen fortzuführen." Das Wohlwollen der Bürger, so die Zeitung, sei ihm sicher: „Dem Prinzen Luitpold bringt das bayerische Volk als Prinz-Regenten sein volles Vertrauen entgegen; freudig würde es ihn als seinen König begrüßen, nicht minder freudig aber auch als Prinz-Regent; sein einfaches und natürliches Auftreten, seine Leutseligkeit im Verkehr haben ihm die Liebe des Volkes gewonnen; seine Einsicht, seine Pflichttreue, sein reiches Wissen geben Bürgschaft dafür, daß die Wahrung der Wohlfahrt des Bayernlandes bei ihm in sicheren Händen ruht." Das Blatt hatte Recht: Bayern blühte unter Luitpold auf. Der Prinzregent förderte die

Künste, brachte das Kommunikations- und Verkehrswesen voran, er baute Bahnhöfe, Schulen, Krankenhäuser und führte das Frauenstudium ein (siehe Geheimnis 27). Man liebte den vorletzten in Bayern regierenden Herrscher – in ganz Bayern und auch in der Hauptstadt des Untermainkreises.

Und diese Liebe eben, die wollten die Würzburger zeigen – mit der Errichtung eines Denkmals: Schließlich stand das 80. Wiegenfest des Prinzregenten bevor. Den Geburtstag feierte man ohnehin alljährlich gebührend mit einem Festbankett. Und als der Bürgerverein im Jahr 1899 ebenjene Festlichkeiten vorbereitete, kam die Idee auf, dass man dem Prinzregenten doch zum Runden noch ein weiteres Denkmal setzen müsse. Ein *Reiterstandbild*? Nein, besser ein *Standbild*, denn Luitpold zeigte sich doch immer so bürgernah und war mitten unter den Menschen. Und es sollte wirklich ein Geschenk der Bürger werden, jeder konnte spenden – und die Würzburger zeigten sich großzügig. Auch Ärmere gaben, jeder eben im Rahmen seiner Möglichkeiten, insgesamt waren es 85.000 Mark, die zusammenkamen. Der Grundstein wurde am 12. März 1901 gelegt, die Enthüllung erfolgte am 8. Juli 1903. Kanonen donnerten und Glocken läuteten während des feierlichen Aktes, unzählige Bürger feierten auf dem Sanderrasen. Zwar kam der Prinzregent selbst nicht, ließ sich aber von seinem Sohn Leopold (1846-1930) vertreten.

Letzte Überreste eines Denkmals, das den Würzburgern sehr am Herzen lag.

Und so sah es aus, das schöne Stück: Ein Halbrund, von Pfeilern und vier Säulenpaaren gestützt, bog sich um das Standbild des

Prinzregenten, zwei steinerne Torsos zierten die Pfeiler, auch die „Wircibirgia", eine Bronzefigur, war vertreten. Sie hielt einen Wiegenschleier in ihren Händen, womit auf das angespielt werden sollte, worauf die Würzburger eben so stolz waren: dass der Prinzregent hier geboren worden war. Und schließlich noch die Inschrift: *Dem edelsten Sohne der Stadt Würzburg zum 80. Geburtstag in Liebe und Treue gewidmet 1901.*

Das weitere Schicksal der Statue des Prinzregenten war allerdings alles andere als erfreulich: Zusammen mit der Brunnenfigur des Heiligen Kilian (siehe Geheimnis 50) – Luitpold hatte den Brunnen eigens 1895 gestiftet – brachte man ihn 1943 zum Einschmelzen. Die Statue, für die die Würzburger so eifrig gesammelt und die sie ihrem „edelsten Sohne" gewidmet hatten, lief Gefahr, Kanonenfutter zu werden. Denn im Zweiten Weltkrieg wurden Statuen und Kirchenglocken eingeschmolzen und zu Kanonenkugeln verarbeitet.

„*Dem edelsten Sohne der Stadt Würzburg zum 80. Geburtstag in Liebe und Treue gewidmet 1901.*"

Letztendlich blieb sie zwar von diesem Schicksal verschont, aber heim nach Würzburg kehrte die Statue nie mehr, sie ging nach dem Krieg verloren. Als der Bahnhofsplatz 1957 umgestaltet wurde, riss man auch den Rest des Denkmals ab, nur die beiden Torsos – Brustpanzer mit Helm – blieben erhalten und wurden auf die benachbarte Wiese an ihren heutigen Standort verbracht, wo sie, die einst so viel beachteten und heute vergessenen, still, beschattet von hohen Bäumen darauf warten, dass doch mal jemand vorbeikommt und ihnen ein wenig Beachtung schenkt.

So geht's zu den Torsos:

Sie finden sich östlich des Bahnhofsvorplatzes in den Hauger Ringparkanlagen.

Christine Hofstetter hat die Eidechse auf einem ihrer Spaziergänge bemerkt.

48

Eidechse
Sehnsucht nach dem Licht

Da kriecht doch tatsächlich eine Eidechse am Saum des heiligen Josefs herum! Das steinerne Tier blickt zum Fuß des Brückenheiligen, als überlege es, ob es sich dort, leicht erhöht, besser sonnen lässt. „Ich weiß nicht, wie oft ich hier vorbeigegangen bin, ohne dieses Detail zu bemerken", sagt Gästeführerin Christine Hofstetter. „Und als ich es entdeckt hatte, wollte ich natürlich wissen, was es damit auf sich hat."
Dabei landete sie schnell bei der Symbolik des Tiers: „Die Eidechse sucht nach Licht, und deshalb gilt sie als Sinnbild für die Sehnsucht nach dem Licht des Glaubens", erklärt sie. Auch der *Physiologus*, eine frühchristliche, in Griechisch verfasste Naturlehre, widmet

sich der Eidechse: Wenn die Sonne aufgehe, würden ihre Augen geöffnet und sie würden gesund. „Auf diese Weise suche auch du, o Mensch, wenn du das Gewand des alten Menschen trägst und die Augen deines Geistes stumpf sind, die aufgehende Sonne der Gerechtigkeit, Christum, unsern Gott." In *Knaurs Lexikon der Symbole* ist zu lesen: „Ähnlich wie die Biene konnte die Eidechse auch die Seele verkörpern [...]." Der Name der Eidechse werde von der Wurzel *agi* abgeleitet und mit *dechse* (Spindel), verbunden. Dabei sei „der erste Teil mit lat. ophis (Schlange) verwandt, so daß auf die Bedeutung *spindelartige Schlange* rückgeschlossen werden kann".

Doch was hat die Eidechse mit dem heiligen Joseph zu tun? In der Weihnachtsgeschichte wird bei Matthäus Josephs Reaktion auf Marias ihm schwer verständliche Schwangerschaft dargestellt: Sein Kind ist es nicht! Soll er sie verlassen? Im Traum erscheint ihm ein Engel, der Joseph auffordert, er solle bei Maria bleiben, „das Kind, das sie erwartet, kommt vom Geist Gottes" (Kap.1, V. 20). Joseph werden also im Traum die Augen seines Herzens geöffnet, damit er das geistige Licht sehen kann. Wolfgang Beck schreibt dazu in seinem Artikel *Held am Rand*: „Die entscheidende Frage lautet: der eigenen Logik folgen und den leichten Weg gehen oder der Logik Gottes entsprechend handeln und den schweren Weg gehen?" Joseph ist mutig und wählt den schweren Weg: Durch seine Einsicht, für die das Symbol der Eidechse steht, kann er dem Willen Gottes entsprechend handeln und wird der *heilige* Joseph.

„Man macht sich die Symbolik der Eidechse gar nicht klar", sagt Christine Hofstetter. „Insofern ist das Tier auf der alten Mainbrücke für mich auch immer eine Erinnerung daran, dass es sich lohnt, genau hinzusehen und den Dingen auf den Grund zu gehen."

So geht's zur Eidechse:

Sie befindet sich auf der Alten Mainbrücke zu Füßen der Skulptur des heiligen Josef. Dieser steht – stadtauswärts – auf der rechten Seite.

Franz-Josef Page breitet die Arme aus und stellt fest: In der Nische ist enorm viel Platz.

Nische
Der Votivstein musste umziehen

Dass vor dem Zeller Tor einmal ein Siechenhaus gestanden hat – daran erinnert heute nichts mehr. Oder doch? Doch! Denn in das historische Mauerwerk des Tors ist eine Nische eingelassen, die unmittelbar mit dem Siechenhaus zu tun hat. Franz-Josef Page, der sich regelmäßig im Zeller Tor aufhält, fragte sich immer wieder, was wohl einst in dieser heute leeren Nische gestanden haben mag. Bis ihn eines Tages der Ehrgeiz packte und er zu recherchieren begann. Das Ergebnis: „Hier befand sich früher ein Leprosenstein, ein gotischer Votivstein." Er war 1360 oder 1365 für das Siechenhaus St. Nikolaus als Haus der „armen Siechen zu St. Claus vor dem Zellertor" gestiftet worden. Selbiges muss bereits in der ersten Hälfte des 14. Jahrhunderts in Betrieb gewesen sein, denn in einer Schenkungsurkunde für einen Weinberg heißt es am 23. Januar 1349, dieser befinde sich „ob dem siechhus an unser Frawenberg".

Als Würzburgs Festungsanlagen im 17. Jahrhundert ausgebaut wurden, musste das Siechenhaus weichen. Auch das Zeller Tor wurde im Zuge dessen neu gestaltet. „Ich vermute, dass man an den alten Standort des Siechenhauses erinnern wollte und deshalb gleich beim Bau eine Nische für den Votivstein, der sich bis dahin in der Kapelle des Siechenhauses befunden hatte, geschaffen hat", überlegt Page. Während der Votivstein also sein neues Zuhause im Mauerwerk des Tors bezog, wurde draußen vor der Stadt, in Richtung Veitshöchheim, ein neues Siechenhaus eröffnet – bestehend aus Kirche, Haupthaus und mehreren Nebengebäuden. „Es stand am Fuße des Steinbergs", sagt Page. Dort war es bis Juli 1853 in Betrieb.

Die Nische am Zeller Tor.

Dann wurde die Ludwig-West-Bahn ausgebaut, die Gebäude waren diesem Projekt im Weg. Inzwischen hatten sich aufgrund des medizinischen Fortschritts auch die hygienischen Verhältnisse deutlich verbessert: Würzburg hatte eine Kanalisation (siehe Geheimnis 20) und eine Wasserversorgung (siehe Geheimnis 25) bekommen. Die Gefahr von Seuchen war deutlich zurückgegangen. „Siechenhäuser brauchte man vor allem im Mittelalter, als man sich gegen Infektionskrankheiten nicht anders zu helfen wusste, als die Kranken mit ansteckenden Seuchen, die sich oft durch mangelnde Hygiene ausbreiteten, zu isolieren", sagt Page. Dabei war St. Nikolaus nicht das einzige Siechenhaus in Würzburg: Ein weiteres am Wöllrieder Hof wurde 1245 urkundlich erwähnt und noch eines vor dem Sander Tor lässt sich ab etwa 1320 nachweisen. In Heidingsfeld gab es ab 1321 ein Siechenhaus.

Warum der Leprosenstein 1881 seine Nische am Zeller Tor verlassen musste, weiß Franz-Josef Page nicht. Aber er weiß, wo er sich heute befindet: Der Stein hat in der Burkarder Kirche ein neues Zuhause gefunden, dort ist er im nördlichen Querhaus zu bewundern.

Der Leprosenstein in der Burkarder Kirche.

Allein – die gar nicht so kleine Nische am Zeller Tor bleibt leer. Und kündet stumm von einer Zeit, die zum Glück lange schon vergangen ist.

So geht's zur Nische:

Sie befindet sich am Zeller Tor an der Zeller Straße links neben dem Durchgang.

Das wenig beachtete Keltenkreuz in den Händen des heiligen Kilian.

50
Keltenkreuz
Irische Überraschung am Bahnhof

Wenn man in einer Stadt lebt und täglich die gleichen Wege geht, dann fallen einem viele Dinge gar nicht mehr auf. Manchmal müssen erst Menschen von außerhalb kommen, um mit ihrem frischen Blick Besonderheiten zu entdecken. Denn wenn man eine Stadt noch nicht kennt, betrachtet man die Dinge häufig genauer. Das stellte auch Andreas Kutschelis fest, als er Besuch aus Irland bekam. Dass Würzburg durch seine irischen Schutzheiligen Kilian, Totnan und Kolonat einen besonders engen Bezug zur grünen Insel hat, wusste Kutschelis als Historiker mit besonderem Faible für Stadtgeschichte und bekennender Irland-Fan selbstverständlich. Schließlich hat er, wie wohl die meisten Würzburger, viel über die drei gelesen, die um 686 aus Irland nach Würzburg kamen, um die Menschen zum christlichen Glauben zu bekehren. Die wegen ihrer praktischen Kenntnisse in Landwirtschaft und somit auch als Entwicklungshelfer sehr geschätzten Missionare überwarfen sich dann aber mit Herzog Gozbert und dessen Gattin Gailana und mussten diesen Streit mit dem Leben bezahlen. Sie wurden 689 ermordet. Rund 60 Jahre nachdem die Mörder die Gebeine zunächst unwürdig verscharrt und einen Pferdestall darüber gebaut hatten, ließ Würzburgs erster Bischof Burkard den drei irischen Mönchen die Ehre zuteilwerden, die sie verdienten: Er ließ die Gebeine ausgraben, würdig nachbestatten und die drei Iren 752 zu Heiligen erheben.

Ihre Schädelreliquien und Gebeine ruhen heute im Altar des Kiliansdoms und in der Krypta der Neumünsterkirche. Sie werden alljährlich in der Zeit der Kiliani-Oktav, also der Woche um den 8. Juli, bei einer feierlichen Prozession durch die Stadt getragen, während auf dem Talavera das gleichnamige Volksfest stattfindet.

„Bisher habe ich immer gedacht, dass der Kiliansdom und die Neumünsterkirche deshalb sozusagen die irischsten Orte der Stadt sind", sagt Kutschelis. Doch dann kam eben besagter Besuch aus Irland und entdeckte quasi gleich bei der Ankunft ein ganz besonders irisches Zeichen auf dem Bahnhofsvorplatz. Damit ist nicht der Heilige Kilian gemeint, sondern das keltische Kreuz, das er in der Hand hält und hoch hinauf in den unterfränkischen Himmel streckt. „Ich habe dieses Kreuz noch nie bemerkt, und dies, obwohl ich mich sowohl für die Geschichte der Stadt als auch für Irland sehr interessiere", wundert sich Kutschelis. „Es ist ein frühmittelalterliches Element sakraler Kunst, ein Balkenkreuz mit verlängertem Stützbalken, bei dem um den Schnittpunkt der Balken ein Ring liegt", begeistert sich der Historiker und fährt fort: „Sogar die Knotenmuster der frühirischen Radkreuze sind auf dem Kreuz dieses Bronzekilian von 1895 angedeutet! Zudem ist sein Bischofsstab gerade *kein* Krummstab! Irische Ironie würde fragend konstatieren, ob hier womöglich Würzburg am irischsten ist!"

Kutschelis weist darauf hin, dass die Missionare nicht der einzige

Irland-Bezug sind. Lola Montez (1821-1861, siehe Band 1), Geliebte Ludwigs I. (1786-1868), kam aus Irland. Ihr Name war ein Pseudonym, das sie sich nach einem Spanienaufenthalt zugelegt hatte. Dann gibt es eine irische Partnerstadt – Bray in der Grafschaft Wicklow. Und letztendlich, sagt Kutschelis, erinnere das Keltenkreuz auf dem Bahnhofsvorplatz noch an das Schicksal des irischen Freiheitshelden Roger Casement (1864-1916), der in seinem bedeutenden *Berlin Diary* Würzburg als Aufenthaltsort seines päpstlichen Seelsorgers, des Augustinerpaters Canice O'Gorman (1872-1941) nennt. Und Kutschelis hat noch mehr irisch-würzburgische Bezüge ausgemacht: „Für das ranghöchste militärische Mitglied der Casement's German Irish Brigade, Sergeant Major Michael Patrick Keogh, galt der irische, quasi erste Würzburger Bischof, immer als Vorbild für das Martyrium seines Landes unter der Krone Englands. Und auch als Vorbild für alle irischen Soldaten, die gegen diese Unterdrückung kämpften." Keogh wusste auch um den Würzburger Brunnen. Wie er darauf aufmerksam wurde? Er war, wie auch sein Kamerad Jeremiah O'Callaghan (1892-1922), seit 1919 mit einer Frau aus dem Würzburger Umland verheiratet. „Auch im Bereich der neueren irischen Geschichte gibt es also Würzburger Bezüge", freut sich Kutschelis. Ebenso begeistert ist er von dem Keltenkreuz – und seinem Standort am Bahnhof. Symbolisiere es dort doch nicht nur die frühe christliche Botschaft, sondern es markiere gerade auch nach alter irischer Tradition einen gesellschaftlichen Treffpunkt.

Andreas Kutschelis mit einer „Ireland 1916 Retro Cap". Sie ist eine Hommage an zwei Ereignisse des Jahres 1916, die zur Unabhängigkeit Irlands führten.

Doch dort stand Kilian mit dem Kreuz nicht immer: Nachdem Prinzregent Luitpold (1821-1912, siehe Geheimnis 47) der Stadt Würzburg den Brunnen 1895 geschenkt hatte, wurde Kilian 1942 unsanft von seinem Sockel geholt: Die Brunnenfigur – samt Kreuz – teilte im Zweiten Weltkrieg das Schicksal vieler Glocken und Figuren und sollte eingeschmolzen und zu Kanonenfutter umfunktioniert werden. Doch Kilian wurde gerettet: Die Würzburger Heiligenfigur fiel in die Hände eines Hamburger Schrotthändlers, die Stadt kaufte sie zurück. „Für die Iren mit ihrem Sinn für Mystik dürfte es kein Zufall gewesen sein, dass dieser Heilige nach seiner Demontage durch die Nazis 1942 auf dem ‚Hamburger Glockenfriedhof' vor dem Einschmelzen zu Kanonen bewahrt wurde; weil die Glocken zuerst drankamen und für den Würzburger Heiligen das Unrechtsregime gerade noch rechtzeitig endlich selbst zerschmolz", sagt Kutschelis. Er kennt auch noch ein kleines Detail: „Hinter seiner rechten Sandale beurkundet eine Gravur von 1942 noch heute die Demontage."

Sieben Jahre, nachdem man ihn so unsanft von seinem Sockel geholt hatte, wurde die Figur in Anwesenheit von Bischof Julius Döpfner (1913-1976) und Oberbürgermeister Franz Stadelmayer (1891-1971) wieder auf den Brunnen montiert. „Für die damaligen Würzburger symbolisierte das den Wiederaufbau, die Hoffnung auf eine friedliche Zukunft in Verbindung mit ihrer 1945 doch nicht komplett vernichteten über tausendjährigen Vergangenheit. Iren würden hier die segnende Wirkung des Heiligen Kilian für gewiss halten", ist sich Kutschelis sicher. Zumal der Heilige ja auch noch das Keltenkreuz in Händen hält.

So geht's zum Keltenkreuz:

Es befindet sich in der linken Hand der Kilians-Brunnenfigur auf dem Bahnhofsvorplatz.

Quellen, Literatur, Bildnachweis

Alscher, Ludger; Feist, Günter; Feist, Peter H.: Lexikon der Kunst, Architektur, Bildende Kunst, Angewandte Kunst, Industriegestaltung, Kunsttheorie. Band 1, Westberlin 1984, S. 304.

Anaconda: Der Physiologus. Tiere und ihre Symbolik. Köln 2005, S. 68.

Ansichten aus dem alten Würzburg 1545 - 1945. Öffentliche Bauten und Höfe. Aus der Graphischen Sammlung des Mainfränkischen Museums Würzburg, Nr. 13, S. 408 f.

Bast, Eva-Maria; Thissen, H.: Bayreuther Geheimnisse. Überlingen 2014, S. 17-19.

Bast, Eva-Maria; Thissen, H.: Geheimnisse der Redewendungen. Überlingen 2016, S. 170-174.

Bast, Eva-Maria: Würzburger Geheimnisse. Überlingen 2015, S. 15 ff.

Bayerische Wachszieher-Innung 1976: Fachbuch für den Wachszieher Wachsbildner. o.O. oJ, S. 9 f., 17.

Beck, Wolfgang: „Held am Rand". 23.12.2014. URL: http://www.katholisch.de/aktuelles/aktuelle-artikel/held-am-rand. Abgerufen am 06.06.2018.

Berger, Uta: Gebetsbücher in mexikanischer Bildschrift. Online-Version: Google Books. Abgerufen am 14.05.2018.

Borchardt, Karl: Die Würzburger Inschriften bis 1525 (Die Deutschen Inschriften, Bd. 27). Wiesbaden 1988, S. 154.

Borchardt-Wenzel, Annette: „Das Rätsel Kaspar Hauser ist gelöst". In: Badische Neueste Nachrichten. URL: https://bnn.de. Abgerufen am 26.06.2018.

Brandenburg, Daniel: Das Wagner-Lexikon. Laaber 2012, S. 784 f.

Breunig, Julia: „Brunnen - Wasserversorgung und mehr". In: Atlas Würzburg - Vielfalt und Wandel der Stadt im Kartenbild. Ort 2016. S. 70 f.

Dauthendey, Max: „Das erste elektrische Licht in Würzburg". In: Der Geist meines Vaters, Tafel, WVV-Archiv.

Dettelbacher, Werner: Taghell ist die Nacht erleuchtet ... 100 Jahre Strom in Würzburg. Würzburg 1999, S. 8 ff.

Dettelbacher, Werner: Würzburg – 125 Jahre Gas und Wasser. Würzburg 1980, S. 10 ff., S. 40 ff.

Dettelbacher, Werner: Würzburg, eine Stadt der Brunnen. Würzburg 1985, S. 92.

Diözese Würzburg: Heilige und Selige. URL: https://heilige.bistum-wuerzburg.de/heilige/hl-kilian-kolonat-totnan/. Abgerufen am 04.06.2018.

Dombrowski, Damian: Träumerei und Scharfblick. Die Grabmäler für Sebastian und Julius Echter im Dom zu Würzburg. Unveröffentlicht.

Dombrowski, Damian: Brabantia in Franconia. Julius Echter von Mespelbrunn und die niederländische Skulptur. (Erscheint in: Mainfränkisches Jahrbuch für Geschichte und Kunst 70 (2018).

Elschenbroich, Adalbert: „Daumer, Georg Friedrich". In: Neue Deutsche Biographie 3 (1957). URL: https://www.deutsche-biographie.de/pnd118678957.html#ndbcontent. Abgerufen am 14.03.2018.

Exner, Matthias: Die Kunstdenkmäler von Oberfranken – Stadt Bamberg, Domberg, 1. Das Domstift. Teil 2: Ausstattung, Kapitelsbauten, Domschatz. Bamberg 2015, S. 1157 ff.

Fischer, Joachim, Das Deutschlandbild der Iren 1890-1939. Heidelberg 2000, S. 513.

Försch, Helmut; Kraus, Alexander: „Jüdischer Weinhandel in Würzburg - Eine Begegnung mit der Vergangenheit". In: Bilder und Dokumente aus dem Archiv der Geschichtswerkstatt im Verschönerungsverein Würzburg e.V., Heft 3, März 2014.

Gasthaus Lämmle: Gästebuch.

Hessenauer, Heike: „Etappen des Frauenstudiums an der Universität Würzburg (1869-1939)". In: Quellen und Beiträge zur Geschichte der Universität Würzburg. Neustadt an der Aisch 1998, S. 33, 34, 44, 45, 46, 47, 53.

Hügel, Ludwig Ferdinand: Kanalisation und Abfuhr in Würzburg. Würzburg 1886, S. 17 ff.

Keogh, Michael: With Casement's Irish Brigade. Drogheda 2010, S. 120.

Keuler, Dorothea: „Agnes Sapper". URL: http://www.fembio.org/biographie.php/frau/biographie/agnes-sapper/. Abgerufen am 07.05.2018.

Konrad, Ulrich: Wo Wagner in Würzburg wohl wirklich wohnte. Gastbeitrag in „Main-Post" vom 14.12.2013, S. 29.

Kopp, Walter: Würzburger Wehr. Würzburg 1979, S.179, 180.

Kröplin, Eckart: Richard Wagner-Chronik. Stuttgart 2016, S. 29, 31, 32, 41, 433, 437, 473, 541.

Lommel, August: Das staatliche Luitpold-Krankenhaus in Würzburg. München 1925, S. 9.

Memminger, August: Würzburger Friedhofswanderung. Würzburg 1921, S. 21, 105.

Mitchell, Angus: One Bold Deed of Open Treason. Sallins 2016, S. 140, 266.

Naser, Christian: Bürgerbräu Würzburg: Geschichte. URL: https://www.buergerbraeu-wuerzburg.de/gebaeude-geschichte/geschichte.html. Abgerufen am 10.07.2018.

Neubert, Michaela: „Der Arion-Brunnen des ehemaligen Gerhardschen Hofs zu Würzburg von Johann Wolfgang van der Auwera". In: Architektur und Figur – Das Zusammenspiel der Künste. Festschrift für Stefan Kummer zum 60. Geburtstag. München/Berlin 2007, S. 405-424.

Oswald, Friedrich: Würzburger Kirchenbauten des 11. und 12. Jahrhunderts. Würzburg 1966.

Pfotenhauer, Helmut: „Kleist in Würzburg. Und sonst?" In: Kulturstadt Würzburg. Würzburg 2013, S. 235 ff.

Röckl, Helmut: „Die Universitätskliniken im Staatlichen Luitpoldkrankenhaus zu Würzburg". In: Vierhundert Jahre Universität Würzburg. Eine Festschrift. Neustadt an der Aisch 1982, S. 975-984.

Sankt Burkard: Geschichte von St. Burkard. URL: http://www.st-burkard.de/. Abgerufen am 16.05.2018.

Schäfer, Joachim: „Johannes Nepomuk". In: Ökumenisches Heiligenlexikon. URL: https://www.heiligenlexikon.de/BiographienJ/Johannes_Nepomuk.htm. Abgerufen am 18.06.2018.

Schäfer, Joachim: „Kilian von Würzburg". In: Ökumenisches Heiligenlexikon. URL: https://www.heiligenlexikon.de/BiographienK/Kilian.htm. Abgerufen am 04.06.2018.

Scharr, Adalbert: „Verzeichnis der Mitglieder des Rates der Stadt Würzburg 1408-1503". In: Familiengeschichtliche Blätter 23 (1925), Heft 2, Sp. 52. Stadtarchiv Würzburg.

Scherpf, F.: Die Kanalisierung der Stadt Würzburg. Würzburg 1867.

Schottner, Alfred: Die „Ordnungen" der mittelalterlichen Dombauhütten: Verschriftlichung und Fortschreibung der mündlich überlieferten Regeln der Steinmetzen. Münster/Hamburg 1997, S. 60.

Seberich, Franz: „Der alte Bahnhof und seine Schickale". In: Die Mainlande, Würzburg 1960, S. 67.

Splitt, Carsten: „Vom Saulus zum Paulus". In: Evangelische Zeitung. URL: https://www.landeskirche-hannovers.de/evlka-de/presse-und-medien/frontnews/2013/06/08. Abgerufen am 14.03.2018.

Staatsarchiv Würzburg/Stadtarchiv Würzburg (Hrsg.): Gärten und Grünanlagen in Würzburg - ihre Entwicklung und Bedeutung. Würzburg 1990, S. 190-195.

Stadtarchiv Würzburg: Die Schlacht bei Würzburg am 2./3. September 1796, Würzburg 1996.

Steffel, Georg: „Die rätselhaften Rillen". In: Historischer Verein für Oberfranken (Hrsg.): Archiv für Geschichte von Oberfranken. Band 86. Bayreuth 2006, S. 255 ff.

Steidle, Hans: „Neckermann & Co. Die Ausplünderung der Würzburger Juden im Dritten Reich". Würzburg 2014.

Stiftung Studienseminar Julianum (Hrsg.): Festschrift 400 Jahre Studienseminar Julianum 1607-2007. Würzburg 2007.

Stöckl, Rudolf: Chordirektor und Babysitter. Richard Wagner in Würzburg. Bayerischer Rundfunk, Studio Nürnberg. Nürnberg 1980.

Taegert, Werner: Der Ochse, der nie ein Kalb gewesen – Stadtwahrzeichen in Nürnberg und Bamberg. Unveröffentlichtes Manuskript.

Trenschel, Hans-Peter: Deutschhauskirche Würzburg. Broschüre. Würzburg 1978.

Veit, Valentin: „Daumer, Georg Friedrich". In: Allgemeine Deutsche Biographie, herausgegeben von der Historischen Kommission bei der Bayerischen Akademie der Wissenschaften, Band 4 (1876). URL: Abgerufen am 14.03.2018.

Wagner, Richard: Sämtliche Briefe, Bd.1. Leipzig 1967, S. 214.

Wagner, Ulrich: Geschichte der Stadt Würzburg, Bd. 2. Stuttgart 2004, S. 204.

Wagner, Ulrich: Geschichte der Stadt Würzburg, Bd.3/1. Stuttgart 2007, S. 730, 1011, 1061, 1064.

Weppert, Heinrich: Bilder des Kiliansbrunnens. Würzburg 2009, S. 18.

Wikipedia: „Ewiges Licht". URL: https://de.wikipedia.org/wiki/Ewiges_Licht. Abgerufen am 16.04.2018.

Wikipedia: „Helena Petrovna Blavatsky". URL: https://de.wikipedia.org/wiki/Helena_Petrovna_Blavatsky. Abgerufen am: 07.05.2018.

Wittstatt, Klaus: „Die älteste Lebensbeschreibung des heiligen Burkard – deutsche Übersetzung". In: Würzburger Diözesangeschichtsblätter, Band 48, 1986.

WürzburgWiki: „Arion-Brunnen". URL: https://wuerzburgwiki.de/wiki/Arion-Brunnen. Abgerufen am 10.06.2018.

WürzburgWiki: „Brauereien". URL: https://wuerzburgwiki.de/wiki/Brauereien. Abgerufen am 26.06.2018.

WürzburgWiki: „Deutscher Orden". URL: http://wuerzburgwiki.de/wiki/Deutscher_Orden. Abgerufen am 17.04.2018.

WürzburgWiki: „Hof zum Storch". URL: http://wuerzburgwiki.de/wiki/Hof_Zum_Storch. Abgerufen am 26.04.2018.

WürzburgWiki: „Huttensäle". URL: http://wuerzburgwiki.de/wiki/Huttens%C3%A4le. Abgerufen am 11.04.2018.

WürzburgWiki: „Klärwerk Würzburg". URL: http://www.wuerzburgwiki.de/wiki/Kl%C3%A4rwerk_W%C3%BCrzburg. Abgerufen am 24.04.2018.

WürzburgWiki: „Max Stern". URL: https://wuerzburgwiki.de/wiki/Max_Stern. Abgerufen am 17.06.2018.

WürzburgWiki: „Prinzregentendenkmal". URL: https://wuerzburgwiki.de/wiki/Prinzregentendenkmal. Abgerufen am 21.06.2018.

WürzburgWiki: „Weinbau in Würzburg und Umgebung". URL: http://wuerzburgwiki.de/wiki/Weinbau_in_Würzburg_und_Umgebung. Abgerufen am 14.05.2018.

Ziel, Ernst: „Schiller's letztes Kind". In: Die Gartenlaube, Heft 43, Leipzig 1874, S. 691-693.

Bildnachweis

S. 7: Christoph Weiß

S. 9: Fotohaus Kerstin Sänger

S. 18: WürzburgWiki

S. 34: Angelika Cronauer

S. 36: privat

S. 74: Johannes Kiefer

S. 108: Uni Würzburg

S. 152: Stadt Würzburg

Besuchen Sie uns im Internet: **www.bast-medien.de**

Haftungsausschluss

Trotz intensiven Austauschs mit unseren Gesprächspartnern, gewissenhafter Literaturrecherche und aufmerksamem Korrekturlesen erheben wir weder einen Anspruch auf Vollständigkeit noch auf Fehlerlosigkeit. Wir haben streng darauf geachtet, keine Urheberrechte zu verletzen, unsere Recherchen sind nach bestem Wissen und Gewissen erfolgt. Dennoch übernehmen wir keinerlei Gewähr für die Aktualität, Korrektheit oder Vollständigkeit der bereitgestellten Informationen. Haftungsansprüche gegen uns schließen wir grundsätzlich aus.

Empfehlenswerte Publikationen unserer „Geheimnispaten":

Von Bodisco, Wolf: „Türen ins unterirdische Würzburg" über Kanal und Versorgungsdeckel. In: Würzburg-heute. Heft 68. Würzburg 1999, S. 26-27.

Von Bodisco, Wolf: „Das Wandern der Steine" über Gebäude und Straßen in Würzburg. In: Würzburg-heute. Heft 82. Würzburg 2006, S. 59-61.

Bürger, Stefan: Fremdsprache Spätgotik – Anleitungen zum Lesen von Architektur, Weimar 2017.

Bürger, Stefan: Der Freiberger Dom – Architektur als Sprache und Raumkunst als Geschichte, Dößel 2017.

Dombrowski, Damian: Träumerei und Scharfblick – Die Grabmäler für Sebastian und Julius Echter im Dom zu Würzburg. In: Weiß, Wolfgang (Hrsg.): Landesherrschaft und Konfession – Fürstbischof Julius Echter von Mespelbrunn (reg. 1573-1617) und seine Zeit. Quellen und Forschungen zur Geschichte des Bistums und Hochstifts Würzburg Band 76. Würzburg 2018.

Sander, Johannes: Würzburg. Architektur seit 1918. Regensburg 2017.

Sander, Johannes; Weiß, Wolfgang (Hrsg.): Der Würzburger Dom im Mittelalter. Geschichte und Gestalt. Würzburg, 2017.

Sander, Johannes: Würzburg in Außenperspektiven. In: Metteleiter, Andreas (Hrsg.): „Denk ich an Würzburg...". Gerhard Hainlein zum 75. Geburtstag. Pfaffenhofen 2017, S. 86-90.

Sander, Johannes: Steter Wandel – Architektur des 19. und frühen 20. Jahrhunderts in Würzburg. In: Hahn, B.; Baumhauer, R.; Wiktorin, D. (Hrsg.): Atlas Würzburg. Vielfalt und Wandel der Stadt im Kartenbild. Köln 2016, S. 66 f.

Sander, Johannes: Kein Speeth, sondern ein Roßhirt. Zum Haus in der Bohnesmühlgasse 1 in Würzburg. In: Mainfränkisches Jahrbuch Band 65. Würzburg 2013, S. 179-188.

Sander, Johannes: Kirchenbau im Umbruch. Sakralarchitektur in Bayern unter Max I. Joseph und Ludwig I. Regensburg 2013.

Sander, Johannes: Bernhard Morell. Aufstieg, Wirken und Fall eines königlich-bayerischen Baubeamten in Unterfranken 1816/21. In: Mainfränkische Hefte Band 111. Regensburg 2012.

1	Patrona Franconiae
2	Löcher
3	Schuppenstein
4	Christusfigur
5	Kreuz im Kreis
6	Bienenkorb
7	Tafel
8	Straßenbahnrosette
9	Tor
10	Haken
11	Erinnerungstafel
12	Figuren
13	Wetzrillen
14	Krone
15	Chorgestühl
16	Gesicht
17	Pfeile
18	Steinmetzzeichen
19	Lateinische Inschrift
20	Schlitz
21	Agnes-Sapper-Haus
22	Durchfahrt
23	Terrassenhaus
24	Ursulinenkloster
25	Bahnhofsquelle
26	Fenster
27	Alte Anatomie
28	Durchgang
29	Bäume
30	Runde Reliefs
31	Stahlhelm und Schwert
32	Brückenrest
33	Huttenschlösschen
34	Ehemaliges Ladengeschäft
35	Hausinschrift
36	Tür
37	Spitzbogen-Fenster
38	Gedenktafel
39	Kranz
40	Wandgemälde
41	Drache
42	Frauenklinik-Inschrift
43	Bierfenster
44	Brunnen
45	Gaslaterne
46	Wappen
47	Torsos
48	Eidechse
49	Nische
50	Keltenkreuz

SIE WOLLEN NOCH MEHR ÜBER  WISSEN?

Hier gibt es sachkundige Informationen:

Adolf-Würth-Zentrum für Geschichte der Psychologie
Eine der weltweit größten Sammlungen zur Geschichte der Psychologie. Zahlreiche Nachlässe bedeutender Wissenschaftlerinnen und Wissenschaftler, Tausende historische Apparate und Instrumente, dazu psychologische Testverfahren aus mehr als einem Jahrhundert: All das wird hier erforscht und in themenbezogenen Ausstellungen und erlebnisreichen Führungen präsentiert.
Homepage: awz@uni-wuerzburg.de

Botanischer Garten
Im Botanischen Garten werden etwa 9.000 Pflanzenarten im Freiland und in Gewächshäusern kultiviert. Schulklassen, Kindergärten, Familien, Vereine, Gruppen und Einzelbesucher können eine Reise durch die Vielfalt der Formen und Farben der Pflanzenwelt unternehmen und zu jeder Jahreszeit Überraschendes und Schönes entdecken.
Homepage: www.bgw.uni-wuerzburg.de

Edeltraud Linkesch
Allgemeine Stadtführung in Würzburg. Extrathemen: Frauen in Würzburg, Verliebt in Würzburg, Mainfränkisches Museum, Rokokogarten in Veitshöchheim, Würzburger Stein - Weinlage, Rathaus.
Erthalstraße 32 a
97074 Würzburg
Telefon: 0931 / 7847031, 0174 / 9634315
E-Mail: edeltraud_linkesch@yahoo.de

Evang. Luth. Pfarramt Deutschhauskirche
Die Deutschhauskirche, ein Ort voller Geschichten. Führungen durch die Kirche können über das Pfarrbüro vereinbart werden. Zeitbedarf, nach Absprache 30-60 Minuten.
Schottenanger 13
97082 Würzburg
Telefon: 0931 / 417894
E-Mail: pfarramt.deutschhaus.wue@elkb.de
Homepage: www.deutschhauskirche-wuerzburg.de
Öffnungszeiten: täglich 10-17 Uhr.

Historisches Archiv der WVV im Alten Gaswerk
Eine faszinierende Zeitreise durch die Welt der Energieversorgung und des Nahverkehrs.
Ständerbühlstraße
Telefon: 0931 / 361976
E-Mail: harchiv@wvv.de
Homepage: www.wvv.de
Öffnungszeiten: Jeden ersten Do. im Monat 14-18 Uhr.

Dr. Johannes Sander
Offizieller Stadtführer, Kunsthistoriker und Germanist. Lebendige und anschauliche Führungen zu vielfältigen Themen in Würzburg.
Huttenstraße 15
97072 Würzburg
Telefon: 0163 / 5613825
E-Mail: sanderjohannes@web.de

Martin von Wagner Museum
Das Martin von Wagner Museum ist eines der bedeutendsten Universitätsmuseen Europas. Seine Schätze reichen von ägyptischen Mumienporträts, griechischen Vasen und römischen Skulpturen über gotische Schnitzwerke und Gemälde aller Epochen bis zu Malerei und Graphik der Gegenwart. So umfassen die Sammlungen Kunstwerke von höchster Qualität aus fünf Jahrtausenden.
Homepage: www.martinvonwagner-museum.com

Mineralogisches Museum
Im Mineralogischen Museum erfahren die Besucher, wie Gesteine die Geschichte der Erde erzählen, warum Bauwerke Zeitzeugen sind und welche Rohstoffe der Erde im Alltag zu finden sind.
Homepage: www.mineralogisches-museum.uni-wuerzburg.de

Universitätsarchiv
Das Universitätsarchiv beherbergt umfassende Bestände zur Universitätsgeschichte von ihrer Wiederbegründung 1582 bis in die Neuzeit. Aktenmaterial über Gelehrte der Universität, Angelegenheiten der Studierenden, Universitäts- und Verwaltungsgeschichte und verschiedenste Neu- und Umbauten können zu wissenschaftlichen, aber auch zu privaten Forschungszwecken nach Voranmeldung eingesehen werden. Außerdem finden sich hier einige interessante Nachlässe berühmter Persönlichkeiten, z.B. Wilhelm Conrad Röntgens.
Homepage: www.uni-wuerzburg.de/uniarchiv

WEITERE BÜCHER ZU
WÜRZBURG

WAS WÜRZBURG PRÄGTE

52 GROSSE UND KLEINE BEGEGNUNGEN MIT DER STADTGESCHICHTE

WÜRZBURGER GEHEIMNISSE BAND 1

50 SPANNENDE GESCHICHTEN AUS DER WELTKULTURSTADT